新疆维吾尔自治区“天山英才”培养计划教育教学名师培养项目

GAOZHONG
YUWEN
KEBENJU
BIANYAN
YU
SHANGXI

高中语文课本剧编演与赏析

刘莉 著

苏州大学出版社
Soochow University Press

图书在版编目（CIP）数据

高中语文课本剧编演与赏析 / 刘莉著. -- 苏州 : 苏州大学出版社, 2025. 6. -- ISBN 978-7-5672-5263-9

Ⅰ. G633.302

中国国家版本馆 CIP 数据核字第 20253CK348 号

高中语文课本剧编演与赏析

著　　者：刘　莉

责任编辑：曹晓晴

装帧设计：吴　钰

出版发行：苏州大学出版社（Soochow University Press）

社　　址：苏州市十梓街 1 号　**邮编：**215006

印　　刷：镇江文苑制版印刷有限责任公司

邮购热线：0512-67480030

销售热线：0512-67481020

开　　本：787 mm×1 092 mm　1/16　**印张：**9.5　**字数：**110 千

版　　次：2025 年 6 月第 1 版

印　　次：2025 年 6 月第 1 次印刷

书　　号：ISBN 978-7-5672-5263-9

定　　价：40.00 元

序言

作为一名一线语文教师，我始终渴望能够引领学生爱上阅读与表达。一个偶然的机会，我带领学生排演戏剧，发现学生对排演活动充满兴趣，原本是一个班的活动发展到一个年级的活动，最终举办了全校话剧展演活动。学生在排演的过程中主动研究剧本，揣摩讨论，再表达出来，这些学习行为都是自发的、主动的、饱含热情的。这不就是我们作为老师最期盼见到的情景吗？受这次活动的触发，我觉得很有必要抓住这样的形式来激发学生的热情。接下来，我把项目式学习引入课本剧编演，希望最大限度地激发学生学习的自主性。多次系列活动开展下来，我积累了一些经验和体会，便有了这本《高中语文课本剧编演与赏析》。

语文教师可以尝试把项目式学习和课本剧编演引入戏剧教学，通过引导学生开展阅读鉴赏、剧本编写、剧本排演、成果展示、评议交流等一系列项目活动，为戏剧教学打开新视角，把语文新课标理念、新教材使用落到实处。

学生在编演的过程中主动走进文本，品味人物语言，把握人物性格，感知人物形象和戏剧冲突。从班级展示到年级展示，进而到全校展示，当然也可以在更大的平台上展示，每个成果展示环节都既是分享，也是学习。学生在“做中学”，在表演中学习，在观赏中学习，学习目标在不自觉中即达成了。

本书共设四章内容，聚焦课本剧编演，着意对课本剧编演的策略、方法及剧本赏析等进行探讨，努力厘清“双新”背景下对课本剧编演的认识，提供具有实操性的方法指导和可供借鉴的高质量剧本。

刘　莉

2025 年 3 月

目录

第一章

课本剧概述

第一节　什么是课本剧

一、课本剧的定义与特点

（一）课本剧的定义

课本剧是以中小学课本中的课文为素材，在尊重原文的基础上，通过对文本进行适当的改编和创作，将其中的故事情节、人物形象等以戏剧表演的形式展现出来的一种艺术体裁。它将文学语言转化为舞台语言和肢体语言，让学生通过角色扮演和舞台表演更加深刻地感受与理解课文内容。

（二）课本剧的特点

课本剧，作为一种在教师悉心指导下，学生全情投入剧本编写与舞台演出的综合性学习活动，不仅巧妙地将教学与戏剧表演融为一体，还展现出独特的教育特性、鲜明的戏剧特性，以及超越这两者的崭新特点。

1. 从戏剧的视角看课本剧的特点

从戏剧的视角审视，课本剧蕴含着丰富的趣味性、卓越的艺术性及广泛的开放性。

其一是趣味性。作为艺术教育的瑰宝，课本剧不仅传授戏剧专业知识，还激发学生的艺术潜能，鼓励他们勇敢地走上舞台，于其中寻觅乐趣。课本剧引领学生从课桌走向讲台，再从教室迈向舞台，将原本沉闷乏味的学习空间转化为充满活力与快乐的探索天地。在具体的教学实践中，学生积极解读文本，深入剖析人物角色，细细品味文章表达的思想感情。通过小组讨论与交流，他们共同拟定演出脚本，精心演绎各个角色。在整个编演过程中，学生不仅获得了满满的成就感，还体验到了身为小演员的无限乐趣。对于即将排演的新课本剧，学生总是充满期待，整个排演过程洋溢着高涨的热情与欢乐的气氛。

其二是艺术性。课本剧与戏剧艺术紧密相连，充分展现了戏剧艺术的独特魅力与本质特征，其艺术性在每一个细节中都得以彰显。为了弘扬中华优秀传统文化，使校园艺术氛围更加浓厚，各中小学纷纷加大对戏剧教育的重视与投入，积极推动戏剧走进校园、走进课堂。戏剧，这一综合艺术形式，巧妙融合了文学的深邃、美术的造型与音乐的韵律，以其独特的舞台语言揭示社会矛盾，映射生活百态。在将教材选文改编成课本剧时，选文本身须具备跌宕起伏的故事情节或尖锐的矛盾冲突，唯有如此，方能在舞台上呈现出戏剧艺术的张力与深度。排演之际，从背景音乐的精心挑选、道具的细心准备到演出服饰的匠心搭配，无一不是戏剧艺术的生动体现。学生走上舞台的那一刻，教学与戏剧艺术便实现了完美交融，不仅提升了学生的艺术感知力，还充分发挥了课本剧的美育功能，使学生在艺术的熏陶下茁壮成长。

其三是开放性。戏剧艺术本身所具有的开放性特质，使得课本剧自然而然地继承了这一优点，展现出广阔的创作空间和无限可能。在课本剧的编演过程中，教师给予学生充分的自由与信任，真正践行了以学生为主体、教师为主导的教育理念。在深入解读文本的基础上，学生需要理解文中人物的性格特征，与文本进行深度对话，以更好地编写剧本。这一过程既是学生主动学习的过程，也是小组成员共同探究、集思广益的过程。剧本编写完成之后，学生将走上舞台进行角色扮演，而舞台不局限于传统教室之内，还可延伸至校园的每一个角落。最终的评价环节同样需要学生的积极参与，以实现评价主体的多元化和评价内容的全面性。课本剧编演活动的开展不仅较好地体现了语文课堂的开放性特点，还激发了学生的创造力和想象力，为他们提供了展示自我、锻炼能力的广阔平台。

2. 从教育的维度看课本剧的特点

从教育的维度审视，课本剧不仅是知识的载体，还是人文与实践的交融体。

其一是知识性。在课本剧的编演过程中，不仅学生的文本解读能力得到了提升，而且其各方面的素养都有所发展。这个过程如同攀登知识的高峰，每一步都坚实而有力。为了精准地诠释角色，学生在已有知识与技能的基础上，不断探寻更多的相关知识，深入挖掘人物的内心世界与矛盾冲突，从而实现了知识水平与能力的飞跃性提升。

其二是人文性。在主动探究文本的过程中，学生仿佛穿越时空，与作者进行心灵对话，深刻领悟其写作意图，从而更加真切地感受到文学作品的独特魅力与价值。课本剧编演活动的开展，涵养着学生的高尚道德品质，提升着他们的审美情趣。在理解与创编的交织过程中，学生的审美体验得到了前所未有的丰富与深化。同时，戏剧作为中国传统文化的瑰宝，被巧妙地融入教育教学，学生在参与中感受到我国戏剧文化的博大精深，主动肩负起传承与弘扬中华优秀传统文化的重任。

其三是实践性。在传统教学模式的桎梏下，教师往往扮演着知识灌输者的角色，而学生则被动地接受着知识灌输，学习效果欠佳。究其根源，在于学生未真正融入学习过程，学习的主动性未能得到有效激发，加之教师给予学生领悟文章内蕴的时间寥寥，故而学习成效不尽如人意。课本剧的教学实践却呈现出截然不同的景象。从课文挑选、剧本编写到分角色排练、舞台演出，再到最后的点评与反馈，每一个环节都离不开学生的积极参与和主体作用发挥。在这个过程中，学生不仅深入文本，还在体验中学习，在实践中成长。他们的学习潜能被充分激发，语文实践能力得到了显著提升，真正实现了从“知”到“行”的跨越。

3. 从创新性与综合性看课本剧的特点

课本剧不仅承载了戏剧与教育的基本特性，还在创新性与综合性上展现出独特的魅力，为传统教学注入了新的活力。

其一是创新性。相较于传统教学模式的单一与沉闷，课本剧不仅在教学形式上打破了常规，还在教学内容与学生表现上展现出了新意。通过对文本的再创作，课本剧将散文的优美、诗歌的韵律、小说的情节及戏剧的冲突巧妙融合，为师生呈现了一场场耳目一新的视听盛宴，课堂因此变得生机勃勃，充满活力与乐趣。“演员们”以他们独特的方式诠释着角色，成为校园中一道亮丽的风景线，让人眼前一亮，回味无穷。

其二是综合性。课本剧不是语文与戏剧的简单结合，而是多门学科、多种能力的深度融合。它像一座桥梁，连接了语文、戏剧、音乐、美术等多门学科，让学生在参与中感受到跨学科活动的魅力。选文来自语文课本，却通过戏剧表演的形式迸发出新的生命力；剧本的演出规律与原则源于戏剧，却在文本特色的浸润中焕发出新的光彩。背景音乐的精心挑选、演员妆容的精致打造、舞台景色的巧妙布置，无一不彰显着美术的韵味与审美的追求。而这一切都是师生共同努力的结果，他们集合并运用多门学科的知识，相互协作，共同打造出一台台精彩纷呈的好戏。在这个过程中，学生的多种能力得到了锻炼与提升，他们不仅学会了如何解读文本、表达情感，还提升了合作学习、表演及组织协调的能力。这不仅是语文综合性学习的体现，还是学生综合素质的全面提升。在强大的学习压力之下，课本剧成为学生展示自我、释放压力的舞台，让他们在自信中成长，在舞台上绽放光芒。

二、课本剧的历史与发展

国内最早的课本剧，可以追溯到五四时期。五四运动前期，著名教育家叶圣陶就组织学生编演过课本剧。五四运动后期，为了抨击当时社会的黑暗，学生走出教室，将时装戏、街头剧、活报剧作为自己的武器，与黑暗进行抗争，以期唤醒民众。

大多数学者认为国内的课本剧兴起于 20 世纪 80 年代，经历了从星星之火到蓬勃发展的过程。学者们普遍认为课本剧是天津师范专科学校吴亚芬等几位老师在 1986 年为中学生更好地学习语文探索出的一种新的教育形式，是将课本里的经典名篇改编成小型的剧场剧，组织学生演出和观看。1986 年，浙江话剧团编排的《范进中举》《皇帝的新衣》等六部课本剧在诸暨县演出五十多场，场场爆满，全县五万多名中学生中有四万人次观看了演出。更早排演课本剧的福建省话剧团在各个中学、大学的演出也大受欢迎。除此之外，较早排演课本剧的还有湖南、天津等省市。

1989 年 5 月，吴亚芬、韩新光、王雨玉出版了《中学课本剧》（中国戏剧出版社出版）一书，全书共有 49 个剧本，都是从中学语文课本中选出有文学性、戏剧冲突的课文改编而成的，按从初中到高中、从低年级到高年级的顺序排列。此书的序是曹禺先生写的，他在序中写道："学生参加演戏，可以加深对课文的理解。演戏里的人，就必须理解他们的思想与感情，要具备活泼、生动的想象，也要有一定的表演能力。"他认为，语文学习应该探索新的途径，激发学习兴趣和热情，而演课本剧就是新途径。曹禺先生在序的最后提出，希望参加演戏的学生以后可以成为戏剧从业者，或至少通过课本剧的熏陶成为戏剧的观众群。在这本书的后记中，吴亚芬、韩新光、王雨玉三位作者写道："向他们①奉献一本课本剧，使铅印的语文名篇，从静止的纸面上站了起来，陡增独特的艺术魅力，这样，就可使中学生动起来，活起来，高兴起来。……而这些戏，又非同一般，都是所学课文的再现。这样，在高高兴兴、热热闹闹之中，在艺术感染的氛围里，不知不觉而又异常深刻地领会了课本的要旨，有力地辅助了课堂教学。"

1993 年 9 月，中国戏剧出版社出版了由王大友、李又子、吴亚芬等主编的《课本剧论文集》，主要收录了 20 世纪 80 年代中期到 90 年

---

① 即中学生。

代初各书刊，如《剧本》《光明日报》《团结报》等登载的关于课本剧的文章。这些文章中有对课本剧改编的看法，有对课本剧现状的思考，还有对当时课本剧展演、比赛的报道。此外，该论文集还收录了全国课本剧研讨会会议纪要、首届全国课本剧选评赛发奖会会议纪要及获奖名单、1987—1993 年课本剧活动大事记及 1985—1993 年课本剧报刊资料索引等资料。这本书翔实地记录了当时课本剧发展的情况、戏剧专家和教育工作者的指导意见及一些反思。

课本剧作为一种新的戏剧品种，在全国各地蓬勃发展，除北京人民艺术剧院录制出版了初中和高中两套课本剧录像片《良师益友》，向全国推广，取得了很好的效果以外，浙江话剧团也录制了一套《中学语文课本剧》，安徽省话剧团等也做了相关探索。

1999 年，中共中央、国务院印发《关于深化教育改革全面推进素质教育的决定》，在这样的背景下，教育部决定全面推进基础教育课程改革，使课堂教学更符合素质教育的要求，促进学生德智体美劳全面发展。2015 年，国务院办公厅印发《关于全面加强和改进学校美育工作的意见》，对加强学校美育提出明确要求。课本剧是课本教学与美育教学相互结合、相互促进的一个很好的支点，不仅能激发学生的主课学习兴趣，还能促进学生音乐、美术、体育等方面的全面协调发展。

三、课本剧的教育意义

课本剧的核心在于通过戏剧的形式加深学生对课文的理解。它要求时间和空间的高度集中，通过剧本中的矛盾冲突来反映现实生活。课本剧的编排和演出在中小学校园中非常普遍，它既是一种教育手段，也是培养学生共情能力和表演技巧的方式。

课本剧作为一种独特的教育戏剧形式，在语文教学和素质教育领域有着重要的地位与作用。课本剧的主要目的是服务教育教学，通过戏剧化的手段帮助学生更好地理解和掌握课文内容，激发学生的学习兴趣，同时锻炼他们的表演能力、团队协作能力和创造力。课本剧的剧本素材通常来源于中小学教材中的文学作品、历史故事、科普知识等，这些文本具有一定的教育价值和经典性。在将课文转化为剧本的过程中，学生需要对原文进行适当的改编和创作，以适应舞台表演的需要，同时保留原文的核心思想和教育意义。

（一）课本剧在语文教学中的素质教育价值

在长期以讲授为主的传统教学模式下，学生的学习过程往往以被动接受为主，侧重知识的记忆与重复。这种单向传递的教学模式，在一定程度上限制了学生深度思考、知识迁移和综合应用能力的发展，容易导致理论素养与实践能力的失衡。而《普通高中语文课程标准（2017 年版 2020 年修订）》（以下简称“新课标”）素质教育理念的推行，犹如春日惊雷，为教育领域带来了全新气象。语文教学自此以促进学生全面发展为目的，立足学生需求，紧密结合课堂具体教学内容，精心组织丰富多彩的教学活动，全力为学生创造实践契机，力求让学生于实践应用中领悟知识真谛，实现从“知其然”到“知其所以然”的深度跨越。

在语文教学中引入课本剧，无疑是满足学生实践活动需求的有效方式，恰似为学生全面发展注入活力，为学生素质提升铺设坦途。例如，当学生着手将课文《窦娥冤》改编成课本剧时，其过程犹如一场基于知识与能力的深度探秘之旅。

起初，学生需要广泛收集课文背景资料，对时代背景的探究如挖掘历史长河中的璀璨明珠，对社会风貌的剖析似解读岁月画卷里的隐秘符号，以此深入理解文本创作的源头活水。继而，对窦娥这一人物形象的解读成为关键，学生要踏入她悲惨命运的幽深隧道，感受其内心的悲愤波澜，体悟其灵魂的高洁坚韧，此乃走进人物内心世界的必经之路。

在人物塑造环节，服饰设计要精准把握时代特征与人物性格，化妆手法要细腻勾勒出人物神态与情感，道具准备亦要贴合剧中情境与文化内涵。最后，学生熟读课文，沉浸其中，将自身代入剧中情境，以真情实感演绎角色，使课文文字鲜活灵动，让知识与情感交融共生。

通过这一系列有条不紊的创作与演绎过程，学生语文素养得到稳步提升，知识积累不断丰富，对人物的解读越发深刻独到；同时，接触到了中国传统乐器、脸谱等文化元素，文化素养得到提升，团结协作能力在实践中日益增强，应变能力于突发状况下得到逐步锤炼。如此一来，课本剧教学不仅有利于落实素质教育理念，还能有力地助推学生全面发展，显著提高教学效率，为语文教学开辟出一片崭新的天地。

（二）课本剧对学生语文素养的全方位培育

提升语文素养、厚植文化底蕴，是语文教学始终不渝的重要目标。传统教学方法较为单一，难以承载语文学科的丰富性与包容性，更无法引领学生从多元维度迈向语文素养的高地。而在新课标的引导下，将课本剧巧妙地引入语文教学，开启了学生语文素养从不同角度、不同渠道蓬勃发展的智慧之门。

其一，在语言素材的积累上，课本剧堪称一座宝藏。学生在编剧之际，需要洞悉各种剧目的语言特色，精心雕琢每一句台词，使其独具韵味。学生广泛涉猎戏剧的经典台词、古典词汇等精粹，让丰富的语言素材不断汇聚。如此一来，学生的语文知识库得以充实，语言表达的素材宝库更加琳琅满目，为日后的写作与交流筑牢了根基，真乃“积跬步以至千里，积小流以成江海”。

其二，在表达能力的提升上，课本剧亦发挥着关键效能。无论是课本剧筹备过程中的频繁沟通，还是舞台上的倾情表演，皆为学生锻炼表达能力提供了更多机会。在交流中，学生学会清晰地阐述观点，精准地传达意图；在表演时，他们借助于肢体动作与表情神态，使情感传递更加直观、更有冲击力。如此双管齐下，学生的表达准确性与沟通效率得到显著提高，能够在人际往来中做到“言之有物，述之有序”。

其三，在理解与写作能力的提升上，课本剧更是功不可没。作文，作为高中语文教学的高峰，常常令学生望而却步，心存畏惧。然而，课本剧这种别具一格的教学形式，恰似一缕春风，吹散了学生作文的阴霾。学生在编写剧本、热烈讨论、精彩表演的过程中，悄然积蓄着丰富的语言养分，锤炼着思维的逻辑性和灵活性。文思泉涌之时，理解他人作品的慧眼得以开启，写作灵感也随之喷涌而出，正所谓“问渠那得清如许？为有源头活水来”。

课本剧在学生语文素养提升上的助推作用，远非上述几点可详尽概括。教师若能善加引导，让学生于课本剧实践中悉心捕捉知识的光芒、广泛汲取养料，必能全方位推动学生语文素养的进阶，使其在语文学习的道路上披荆斩棘，同时培育出对语文学习的炽热情感与浓厚兴趣，让语文学习成为学生成长旅程中一道亮丽的风景线。

（三）课本剧是开启语文趣味学习之门的金钥匙

1. 编写剧本，发现语文学习之乐

在过去的教学实践中，受限于当时的信息流通渠道和手段，教师的教学方式相对单一。教学条件的客观限制，也在一定程度上影响了教师对教学形式多样化的探索。彼时，在进行课文教学时，教师往往采用传统的四步教学法：首先帮助学生扫除生字词，接着带领学生通读课文，随后通过剖析段落与抓住中心句让学生把握文章主旨，最后引导学生完成课后练习并背诵指定内容。这种教学与学习之法，虽能有些许成效，但其法单调，难以点燃学生心中对语文学习的热忱之火。

新课标的推行，如春日暖阳照耀语文教学的大地。教师当冲破传统教学思维的重重藩篱，以创造性的智慧为羽翼，翱翔于教学创新的天空，引领学生以新奇的视角探索知识，培育其浓厚的学习兴趣。

以《雷雨》一文的教学为例，在学习这篇课文后，为了让学生以更加务实且具有实践意义的方式领悟其内涵，教师可巧妙引导学生从课文中选取特定部分，将其改编成剧本。需要注意的是，改编要遵循文章主旨、人物与脉络不可更改的原则，恰似戴着镣铐跳舞，于限制之中展现创意。学生平日里沉醉于电视剧与电影的绚丽世界，或许也曾心怀编剧之梦，畅想主人公如何粉墨登场，身处何等情景之中。因此，将课文改编成剧本的学习活动，对于学生而言极具吸引力。他们能借此强化学习体验，在设计人物对话、描绘场景、编织故事的过程中，仿若穿越时空隧道，与课文中的人物亲密接触，从而深刻领会《雷雨》的精妙绝伦。

为了激发学生的创作热情，增强剧本编写的竞争活力，教师可深入学生之中，与他们共同在完成的剧本里精挑细选，择出最优的一两幕或几幕剧本。而后组织若干学生将这些精彩片段串联整合，使故事如行云流水般完整顺畅。最终让学生登上舞台尽情演绎。演绎之时，学生需要依据课文中对人物形象、穿着打扮、性格特点等的细腻刻画，精心雕琢人物的外在与内在，准备妥当的道具，力求原汁原味地呈现课文神韵。如此一来，学生不仅能深入透彻地理解课文，真切感受人物的喜怒哀乐，体会其中蕴含的深沉情感，还能推动语文教学的创新发展。

2. 走上舞台，体验语文学习之乐

以经典名篇《雷雨》为例，虽然人物数量有限，但是人物关系错综复杂，故事矛盾交织缠绕，加之人物情绪波澜起伏、人生经历迥异、个人命运天壤之别，种种因素相互交织，致使学生在理解人物形象时困难重重。但当学生将其巧妙地改编成剧本，精心化上与课文中人物相符的妆容，置身于课文所描绘的情境之中进行生动演绎时，他们仿佛获得了一把打开全新认知之门的神奇钥匙。学生能够切身体会人物性格的多面性与复杂性，以及这些特质背后潜藏的深邃成因：繁漪那咄咄逼人的性格背后，是一段饱含沧桑的经历与刻骨铭心的情感沉淀；四凤的纯真无邪，是一种青春活力的尽情绽放；鲁侍萍的善良、自尊与刚强，在岁月的磨砺中彰显出一种坚韧力量；鲁大海的勇敢、质朴、直爽、善良及疾恶如仇，在时代的浪潮中散发着独特魅力。四凤与周萍那热烈而又隐忍的爱情故事，以及繁漪与周萍之间的情感纠葛所导致的整个家庭的悲剧走向等这些曾经在学生单纯阅读课文时难以触及的情感脉络与人物灵魂，如今在表演的舞台上，在演绎的过程中，都能被学生深刻领悟。尤其是学生在表演过程中的一颦一笑、一举一动，你来我往之间微妙的眼神交流与情感传递，仿佛能穿透纸张，将课文中人物内心复杂的情感淋漓尽致地呈现在舞台之上，更能让学生如痴如醉地感受语文学习的无穷乐趣，为语文教学的发展、学生学习能力与体悟能力的稳步提升筑牢根基。

在语文教学的广袤天地里，课本剧宛如一颗璀璨的明珠，闪耀着独特的光芒。它打破了传统课文教学的固定范式，以鲜活灵动、直观可感的形式，为学生搭建起一座跨越时空的桥梁，大幅缩短了学生与课文的距离。将课本剧融入课堂，不仅能让沉闷的课堂氛围活跃起来，还能让学生从多元视角、不同人物维度，深入挖掘课文中的情感内涵，领悟做人的深邃哲理、处世的精妙技巧。如此一来，学生可以获取传统学习方法难以触及的知识精华，体验独具特色的语文学习乐趣。在新课标的指引下，高中语文教师肩负传承与创新的重任，理应在日常教学中审时度势，精准筛选出适宜改编成剧本的经典课文，通过深入剖析课文精髓、精细研读文本要义的方式，精心组织学生编写与创作，而后有条不紊地定期安排学生分组演绎。借此，学生能在别开生面的学习情境中，沉浸式感受语文学习的无穷乐趣，实现体验式、沉浸式学习理念的扎实落地，孕育丰硕成果。

（四）教师眼中的课本剧

下面笔者以亲身参与的课本剧编演实例来说明教师眼中课本剧的教育意义。

示例 1

课本剧《人民的好书记——焦裕禄》

1. 创作背景

我和24名学生一起完成了课本剧《人民的好书记——焦裕禄》的创作。经过两个多月的排练，我们感觉自己在这个过程中一点点走近了焦裕禄书记，从对他一知半解到后来被感动得热泪盈眶，我们对焦裕禄精神有了更加深刻的体会和感悟。

为什么选择将焦裕禄的事迹创作成话剧作品呢？焦裕禄是大家都很熟悉的人物，是廉洁奉公、一心为民的好公仆，大家共同研讨剧本、演绎动人故事的过程，是一次生动的思政教育，能够让学生从内心真正走近焦裕禄、感受焦裕禄精神，也是让学生走进文本感受人物形象的生动实践。

为了更好地呈现焦裕禄的感人事迹，真正展现焦裕禄精神，我在课堂上先帮助学生梳理课文内容，厘清文章结构，初步感知人物事迹。在排演剧本时，我发现学生对焦裕禄精神领悟不深，排演时比较拘束、缺少感情，于是利用晚自习组织学生集中观看了关于焦裕禄的影视作品，让学生对人物形象有了更新、更全面的理解，从而激发出学生的表演灵感、表演欲望和表演信心。

参演学生通过研讨剧本了解剧情、自主选择角色，开启了同心同力的创作过程。我们本着就地取材、节俭排演的原则，在身边寻找收集道具，从亲戚朋友处找来老粗布衣衫，从值班室借来皮大衣，从废品回收站找到了老式的烧煤炉，从菜市场捡回了扁担、竹筐，各家凑出来小板凳、木桌子、旧脸盆架子，还没排演学生就已经沉浸在筹备的幸福与快乐之中。排练开始后，大家在排练情境中完善细节，设身处地揣摩人物、补充台词、设计动作。我和学生一起克服了种种困难，只为呈现一个完美的故事。

2. 活动成效

（1）主题呈现与教育意义

通过课本剧的形式，我们成功展现了焦裕禄书记身先士卒、心系群众的高尚品质，以及他在治理风沙、盐碱、内涝“三害”中展现出的坚韧不拔精神。这一活动不仅使参演的学生深入理解了焦裕禄精神的内涵，还对观看的学生产生了深刻的教育影响，弘扬了无私奉献、忠诚担当的价值观。

（2）剧本创作与角色塑造

剧本改编自真实的历史事件，力求忠于史实，同时兼顾舞台艺术的表现力。角色设定丰富多样，既有焦裕禄书记的主线，也有普通群众、干部等辅助角色，形成鲜明的人物关系网。演员们通过深入研读剧本、揣摩人物心理，成功塑造了个性鲜明、情感饱满的角色形象，使观众能真切地感受到焦裕禄书记的亲民、爱民。

（3）舞台呈现与技术运用

舞台设计简洁而富有时代感，通过道具、灯光、音效等元素营造出20世纪60年代兰考县的生活场景，增强了观众的代入感。多媒体投影的巧妙运用，适时展示了当时的新闻报道、照片资料，进一步丰富了剧情信息，提升了观演体验。

(4) 团队协作与组织管理

从剧本编写、角色分配、排演练习到正式演出，全体师生积极参与，分工明确，配合默契。导演、演员、幕后工作人员各司其职，共同克服困难，确保了活动的顺利进行。尤其在面对排练过程中出现的问题时，大家积极沟通、及时调整，展现了良好的团队精神。

此次课本剧编演活动是语文组的一次勇敢尝试，克服了很多困难，也收获了很多喜悦。在此次活动的基础上，我们会持续推进课本剧编演活动，促使学生更好地走进文本，走进文学殿堂。

（五）学生眼中的课本剧

学生是如何看待课本剧的呢？学生喜欢课本剧这种形式吗？下面笔者以部分学生撰写的课本剧观后感来说明学生眼中课本剧的教育意义。

示例 2

听见历史的声音

赵优优

历史，厚重而伟大。中国上下五千年历史，从远古传说时代的盘古开天辟地到有文字记载的商鞅变法，到近代的辛亥革命，再到中华人民共和国成立……一步步走来，它不仅仅是课本上冰冷的文字，更是带着温度的记忆，早已刻在中国人的骨子里。

课本剧是一种传播文化的有力途径。顾名思义，课本剧就是将课本中有趣的故事改编成剧本再由学生出演，这无疑是一个锻炼学生的好机会。

我校近期举办的课本剧展演活动可谓让学生真实地听见了历史的声音，感受到了历史文化的魅力。从帷幕中缓缓走来的白衣老者，仿佛真的穿越千年，让我们见到了孔子，感受到了儒学的魅力；从舞台深处款款而来的金陵十二钗，让我们了解了封建大家庭的兴衰，看到了封建时代女性无法挣脱的生存困境，认识到了封建礼教“吃人”的本质；鸿门宴上不顾士兵阻拦，强行闯入的樊哙，让我们感受到了他对刘邦的一片忠心；趁夜深入敌营，冒着风险劝阻君王放弃进攻的烛之武，让我们看到了他的有勇有谋……这一个个呈现在我们面前的人物形象都是通过细细品读展现出来的，演员们并不是专业的，同我们一般大的孩子却似将那人物演活了般，无不让人惊叹。

演员们穿的服装也分别印证了不同的时代、不同人物的特点及性格。例如，伴着笑声登场，身着缕金百蝶穿花大红洋缎窄褃袄的王熙凤，让我们看到了封建大家庭的奢华及凤姐的泼辣与张扬；捧着书卷，身着一袭白袍迎面走来的孔子，其儒雅气质让人觉得这必定是位良师；引着佩剑出场，撞开两名士兵，身着铁甲、怒目圆睁的樊哙，其豪气冲天、舍身为主的形象跃然纸上。

通过同学们的演绎，我们仿佛来到古人所处的时代，体会到历史的厚重，感受到鸿门宴上看似无意的刀剑来往却暗藏心机，体会到“红楼”中封建制度下大家族的兴衰。

舞台落下帷幕，历史的声音却透过舞台传到了我们耳中，我们领略了一场又一场历史盛宴。

示例 3

寓学于乐，品语文之美

易书妍

前些日子，我看了课本剧展演，虽是个别文章的部分片段，但依旧令我颇有感触。它让我深深感受到文言文不再仅仅是生涩的文字，那些历史人物走出了课本，走到了我们的生活中。其实在他们表演前，这一篇篇文言文我已然学习过了，但只能大概了解故事走向，更不必谈揣摩人物形象了。而课本剧弥补了我想象力的不足，使大大小小的角色出现在我眼前，使我对故事情节有了深入理解，对人物形象有了充分认知。这种直观的表演形式给我们带来的不仅仅是视觉享受，更是学习语文的大好机会。

课本剧极大地激发了我们的语文学习兴趣。就拿我自己举例，相较于捧着书逐字逐句翻译，我更喜欢形式多样、语言丰富的课本剧。它极大地激发了我的学习兴趣，让我想要进一步探索，正如孔子所云：

“知之者不如好之者，好之者不如乐之者。”当学习是一件快乐的事情时，一切都将事半功倍，可想而知“乐”的重要性。而课本剧恰恰能体现出“乐”。能激发学生学习之乐的方法本就不多，课本剧未尝不是让学生体验语文学习之乐的良机呢！

课本剧兼具学习与娱乐功能，是学生为数不多能放松的机会。随着时光的流逝，我们的学业压力、学习知识的深度都在不断增加。下课时看到的不是奋笔疾书的，就是趴下养精蓄锐的。我们似乎一直都被分数控制着，连发现美好的眼睛都浑浊了。而课本剧让我们直观看到、感受到语文的美，带来一种闲看庭前花开花落、漫随天边云卷云舒的闲适随和之感。

我时常听人说，若不是“赶路”太匆忙，语文本是最美的学科。是啊，课本剧只是语文表达的冰山一角，我将一直期待以后的语文学习。

现在的学生获取信息的渠道多样，兴趣广泛，思维更加活跃，相较于单一、生硬的教育形式，更喜欢多样、灵动的学习模式。遵循学生的发展需求，教师可引入课本剧编演这种教学模式，使学生尽情地想象和创造，在无形中提升语文素养和综合素质。

第二节　高中语文课本剧编演的适宜篇目与实施方法

一、高中语文课本剧编演的适宜篇目

（一）课本剧选文原则

部编版高中语文教材精心遴选了跨越时空、纵横中外的诸多名家名篇。这些佳作涵盖小说、戏剧、散文、诗歌等丰富多样的文学体裁，其中不少课文极适宜采用课本剧这一独特的教学形式来挖掘其深层内涵，如现代文经典之作《祝福》《雷雨》《茶馆》等，以及古诗文瑰宝《苏武传》《氓》《孔雀东南飞》《陈情表》等。

课本剧编演活动的开展能够提升学生语言表达、交流合作及文本理解等多方面的能力，同时也为教师专业素养的提升和语文学科的蓬勃发展注入强大动力。然而，并非所有课文都能与课本剧完美契合，教师需要审慎考量文体特点及学生实际状况，进行精准选择。例如，部编版高中语文教材中那些说理性极强的篇章，如《反对党八股》和《拿来主义》，其核心在于让学生准确把握作者的观点和立场，研习其有针对性地表达见解的精妙技法。此类文章重在逻辑思辨与思想传达，内容缺乏戏剧性元素，不存在激烈的矛盾冲突，故而难以开展课本剧教学。又如《以工匠精神雕琢时代品质》这类新闻作品，虽然话题鲜明且具有时代意义，但因其文体特点，亦不适合改编成课本剧。因此，在着手改编之前，教师务必悉心引导学生筛选出适合改编的课文。

具体来说，适合改编的课文应具备以下三种显著特质。其一，人物形象须鲜明生动。一场精彩纷呈的戏剧表演，离不开鲜活灵动的人物形象；同理，一场出类拔萃的课本剧展演，亦需塑造生动形象的人物角色。教师应巧妙地引导学生透过人物的语言、动作、神态等细微之处，剖析并塑造出人物的独特形象。恰如《烛之武退秦师》中的烛之武，在劝退秦师的风云变幻中，其深明大义、捍卫国家主权的使命感，以及机智敏锐、能言善辩的性格特征，跃然纸上，呼之欲出。其二，故事情节当完整连贯。完整的故事情节，恰似一条坚韧的纽带，串联起作品的主题彰显与人物形象刻画，使其相得益彰。教师应引导学生选取那些具备开端、发展、高潮、结局等完整情节架构的篇目，且在改编之时可依据实际情况灵活选取矛盾冲突最为激烈的精彩情节。以《林教头风雪山神庙》一文为例，其情节架构严谨完整，戏剧张力十足，而其中林冲于山神庙手刃仇敌的情节，无疑是吸引观众目光的焦点所在，教师可引导学生聚焦于此进行改编和创作。其三，矛盾冲突应强烈鲜明。矛盾冲突能够有力地推动故事情节的发展，更是戏剧表演中最为扣人心弦的精彩华章。矛盾冲突往往通过人物的语言、动作、神态等多元表现形式，被淋漓尽致地展现在观众眼前。教师在指导学生选文时，务必满足以上三个要求，同时紧密结合实际情况与学生的性格特点，因材施教。

鉴于文章篇幅长短各异，适合改编的课文大致可分为即兴表演类与长期准备类两种类型。即兴表演类多为短小精悍的文章或长篇文章中的精彩片段，基本上不需要准备时间，可在课堂教学过程中穿插进去。例如，在《烛之武退秦师》的教学中，教师可组织学生通过模拟不同角色之间的对话交锋，搭配恰当精准的语气语调、富含深意的眼神交流，身临其境般感受烛之武缜密严谨的逻辑思维及强大的说服力，如若亲历那场惊心动魄的外交博弈。长期准备类则属于多幕剧范畴，需要充裕的准备时间来打磨完善。例如，《鸿门宴》可依据情节发展分为宴前、宴中、宴后三幕，每一幕皆蕴含着丰富的历史文化底蕴与人物情感纠葛；《孔雀东南飞》可划分为兰芝被遣、依依惜别、兰芝抗婚、双双殉情四幕，每一幕都动人心弦，深刻展现了封建礼教下的爱情悲剧与社会现实。

（二）高中语文教材中适合进行课本剧编演的篇目统计

笔者从具体的教学实践出发，结合部编版高中语文必修和选择性必修教材，对其中适合进行课本剧编演的篇目进行了简单的整理，同时结合单元特点引入了名著导读篇目，具体如表1-1所示。

表1-1　高中语文教材中适合进行课本剧编演的篇目

课文位置	篇目	课文作者或出处
必修（上册）第一单元	《百合花》	茹志鹃
	《哦，香雪》	铁凝
必修（下册）第一单元	《烛之武退秦师》	《左传》
	《鸿门宴》	司马迁
必修（下册）第二单元	《窦娥冤》	关汉卿
	《雷雨》	曹禺
	《哈姆莱特》	莎士比亚

续表

课文位置	篇目	课文作者或出处
必修（下册）第六单元	《祝福》	鲁迅
	《林教头风雪山神庙》	施耐庵
	《装在套子里的人》	契诃夫
必修（下册）第七单元	《红楼梦》	曹雪芹
选择性必修（上册）第三单元	《大卫·科波菲尔》	狄更斯
	《复活》	列夫·托尔斯泰
	《老人与海》	海明威
选择性必修（中册）第二单元	《包身工》	夏衍
	《荷花淀》	孙犁
	《小二黑结婚》	赵树理
选择性必修（中册）第三单元	《屈原列传》	司马迁
	《苏武传》	班固
选择性必修（中册）第四单元	《玩偶之家》	易卜生
选择性必修（下册）第一单元	《氓》	《诗经·卫风》
	《孔雀东南飞》	《玉台新咏笺注》
选择性必修（下册）第二单元	《阿Q正传》	鲁迅
	《边城》	沈从文
	《茶馆》	老舍

在部编版高中语文教材中，适合开展课本剧教学的篇目分布范围颇为广泛，各册教材都有涉及。教师可依据教学之实际情形，选择其中的适配者，有计划地组织学生开展课本剧编演活动，使其在实践中领略文学的魅力，感受文字的力量。

鉴于教材的单元设置，课文体裁各异，故而适合进行课本剧编演的篇目占比亦有所差别。此次梳理的25篇课文，涵盖小说、戏剧、散文、诗歌四种文学体裁，各有其独特风格，各展其非凡魅力。所选篇目不仅体裁丰富，而且跨越国界、贯通古今，极具历史意义与现实意义，具体如表 1-2 所示。

表 1-2　按体裁划分的高中语文教材中适合进行课本剧编演的篇目

文学体裁	篇目	国别
小说	《百合花》	中国（现/当代）
	《哦，香雪》	
	《荷花淀》	
	《小二黑结婚》	
	《祝福》	
	《阿 Q 正传》	
	《边城》	
	《林教头风雪山神庙》	中国（元末明初）
	《红楼梦》	中国（清）
	《装在套子里的人》	俄国
	《复活》	
	《大卫・科波菲尔》	英国
	《老人与海》	美国
戏剧	《窦娥冤》	中国（元）
	《雷雨》	中国（现代）
	《茶馆》	
	《哈姆莱特》	英国
	《玩偶之家》	挪威
散文	《包身工》	中国（现代）
	《烛之武退秦师》	中国（春秋）
	《鸿门宴》	中国（西汉）
	《屈原列传》	
	《苏武传》	中国（东汉）
诗歌	《氓》	中国（春秋）
	《孔雀东南飞》	中国（东汉）

在所选篇目中，小说和戏剧体裁占比很大，这与其跌宕起伏的故事情节、性格鲜明的人物特征及精彩的人物对白等文学特点是分不开的。在这两部分中，我国不同历史时期的文学作品仍占据着主要的部分，但其中不乏外国优秀文学作品的身影。因此，教师在进行小说和戏剧体裁的课本剧教学时，可以将国内外作品相结合，引导学生分析比较同一类型作品下不同作者思想感情的不同，进而通过表演将作品中的具体情节和人物性格有感情地展示出来。除此之外，在散文和诗歌这两种体裁的篇目中，主要选取的是有故事情节、有典型形象、有人物对白的中国古代文学作品，其中极具中国传统文化特点的语言则更加彰显了课本剧教学的价值。相较于小说和戏剧，将这两种文体改编成课本剧无疑更有难度，需要师生通力合作、共同完成。

高中语文课本剧以古今中外各个时代不同文学体裁下的优秀作品为依托，为学生学习语文课程开辟了一条新道路。在此背景下，教师在进行课本剧教学时，可以在教材内容的基础上积极拓展延伸，引导学生在不同文化的交流与碰撞中不断挖掘作品的深层内涵，以提升自身的语文核心素养，实现终身发展。

二、高中语文课本剧编演的实施方法

（一）课本剧编演的实践探索

1. 以激发兴趣为切入点

在高中语文教学中，课本剧编演可以激发学生的参与热情，使学生的学习兴趣逐步浓厚，有利于学习活动的有序开展。因此，在教学实践中，教师首先要激发学生的编演兴趣，让学生感受到课本剧编演的乐趣和成就感。

案例 1

我也想表演

学校举办“传承经典，演绎人生”课本剧编演活动，班上有一个小组报名编演《鸿门宴》，来了一群活跃的男孩子，七嘴八舌的，十分热闹。预备铃响了，男孩们跑回教室。这时，进来一个单薄的身影，怯怯地挪到我桌旁，我抬眼看着他，他还没说话，脸已涨红了。哦，是高晓，班上一个比较内向的男孩！我笑着看着他，他羞涩地看着我，鼓足勇气说：“老师，我也想演一个角色，但我没演过，怕演不好。”

“没关系，大家的表演经验都不丰富，重在尝试。”

“您——您能不能帮我和他们说一说，让我也加入。”

“可以呀，我和他们商量一下！”

下课铃响了，我把《鸿门宴》编演团队叫过来，把高晓的想法一说，他们马上接纳了他，因为他们正好还缺两个帐前门卫的扮演者。

高晓的台词只有一句：“报告大王，沛公求见！”同时，还有一个单膝跪地的动作。尽管戏份很少，高晓总是按时参加排练，慢慢地和这群男孩子打成了一片，话多了，笑容也多了！

以前的高晓总是形单影只，单薄的身影衬得他越发可怜！

现在，经常能听到有人喊："高晓，我们一起走!"排练的时候，也能听到他发表自己的看法，看到他和大家笑成一团。

最让我意外的是彩排时的一个细节。高晓作为门卫要进帐去禀报，只见高晓小跑着进帐后，单膝跪地，他跪得很认真，"咚"的一声，声音响亮而清脆。这个声音是多么的美妙！让我想起那句话：没有小角色，只有小演员。

高晓的性格偏内向，他不擅长和别人交流，能来到我的办公室提出自己的要求，对于他而言，已经是一次自我突破。他的内心深处肯定也是渴望与别人交流的！排演课本剧，是一个很好的与别人交流合作的机会。

高晓的案例对我们启发很大，这个学生想要突破自我，缺的是一个机会，教师给了他这个机会，他是多么珍惜呀！一句话的角色，带给高晓的是自信，是开朗！学生的成长远远胜过其他。

兴趣被激发了，学生就会主动去探究，去做事，学习将不再是"要我学"，而是"我要学"。我们总担心学生做不好，不肯放手，就像送孩子上学的父母，有各种各样的担心：没有坐上公交车，路上遇到了危险，上学迟到了……这样的担心是没有尽头的，事实上孩子完全能够独立应对这些挑战，只要他愿意自己上学。由此可见，作为教师的我们，要学会放手，要学会激发学生的兴趣，让他们主动学。学生一旦主动学习，奇迹离我们就不远了。

2. 少一些约束，各展所长

教师可以让学生以小组为单位自由选取课文中感兴趣的故事情节

进行剧本创编。例如，有的小组喜欢《烛之武退秦师》的开头，将情节设定为“秦晋结盟围郑，郑上下想对策”；有的小组则选择《鸿门宴》，对项伯夜访张良的情节展开想象进行创编；有的小组创编《孔雀东南飞》中兰芝被遣的细节，设定时间、地点、人物、事因……

同时，教师要尊重学生的个体差异，让学生各展所长，组织能力强的去当导演，文字功底好的去做编剧，心灵手巧的负责道具准备，擅长表演的去做演员……让每个学生都参与到学习活动中，在分工与合作中发挥合力，实现自我价值，收获满满的成就感。只有整个教学活动的开展充满活力，学生有兴趣参与，学习行为才能真正发生。

案例 2

报名小插曲

一个团队来报名编演《烛之武退秦师》时，带来了两个女孩，我好奇地问了一下他们的分工，原来是女孩担任编剧，团队的导演特意介绍道：“这是我们班的‘文豪’，文笔最好的同学。”我故意说道：“你们这么多男孩，把最难的编写工作交给两个文弱的女孩呀！”

男孩们一听，马上澄清：“不是的，不是的，我们点子多，但写得不好。我们负责出主意，她俩主要负责写。”

在我们对话的过程中，两个女孩一直笑盈盈地站在边上，虽然没说话，但能看出是很愿意参与的。

不一会儿又来了一个团队，报名编演的剧目是《雷雨》。来了一群男孩女孩，叽叽喳喳的。

“你演周萍吧！”

“我觉得周萍很复杂，怕把握不好。”

“我想演周冲。”

“谁来演鲁贵？怎么没一个人想演鲁贵？”

……

我看着这个“乱象”，不由得说道：“你们好像还没商量好。”

“老师，我们想早点报名，害怕别的团队也想演《雷雨》。”一个长得十分俊美的男孩说道。

我不由得多看了他两眼，心想：“这孩子长得太好看了！”

“你演谁啊？”我看着那个好看的孩子问道。

“我演繁漪。”

“啊？”我心里一惊，要男扮女装。

可能是我的表情太夸张了，其他孩子七嘴八舌地开始说：“老师，他演女孩可像了。”“他的动作比女孩还像女孩。”……

我笑了笑，点点头，内心掀起的波澜刚刚平复，又来了一个惊雷。

“老师，她演周朴园。”

“啊？”抬眼看去，是一个五官很漂亮的女孩，眼睛大大的，留着个小子头。

“老师，她穿西装可帅了！”

说话间，我又看了看那个女孩，她很大方，没有一点儿不好意思，只是话不多。

这个团队有点意思，有男扮女装的，也有女扮男装的，我开始期待他们的作品了！

学生的思维是很活跃的，没有那么多条条框框，他们很愿意展现自己的长处，教师应该提供舞台，让他们各展所长。课本剧展演时，繁漪一出场，剧场里就响起了雷鸣般的掌声！他穿着红色的旗袍，举手投足间自有一种女性的风韵！周朴园也很不错，穿着灰色的西装，内搭的白衬衣上还有一件灰色的马甲，戴着金丝边框眼镜，一副资本家的派头！不知道的都看不出是女孩扮演的，完全可以以假乱真！

当今社会，本就是一个分工与合作的社会，虽然我们的学生还没有步入社会，但是可以把这些情境作为将来的预演。学生乐意参与进来，找到适合自己的位置，我们的教学活动就有了意义。学习行为在学生身上发生了，学生不再是看客，不再是听众，而是一名真正的学习者！

3. 以解析课文为深入点

学生要完成编演任务，会主动去揣摩文本。阅读的深度决定编演的高度。在以往的语文教学中，学生在理解课文时多是沿着教师设计好的轨道寻找到答案，一旦离开教师的引导经常就陷入茫然。课本剧编演通过有序的活动安排，围绕提升学生的语言文字运用能力，深化学生对课文的理解，避免学生在理解课文时流于形式主义。细节中见巧思，表达里有深度。课本剧编演要把引导学生创新作为关键，鼓励学生在剧本的创编上大胆突破，课文中的简笔处为学生创新提供了大舞台。

4. 以搭建平台为延伸点

除了在课堂上，教师也可以对课本剧编演活动进行拓展，使学生的能力得到淋漓尽致的发挥。例如，在课下，教师可以让感兴趣的学生成立课本剧表演社团，定期让学生合作选择感兴趣的课文进行改编和排练，在后续的校内外活动中进行表演。对于学生的编演成果，教师可以录制和拍摄并上传到网络平台上，如微信朋友圈、微博等，使得学生拥有更多展现自我的空间和平台，对学生进行有效激励。此外，学校也可以和社区积极合作，让学生在献爱心、扶贫帮困活动中进行课本剧表演。为学生搭建平台，让教学从课堂延伸到课外，指向学生的全面发展，促使“三新”（新课标、新教材、新高考）对教学的要求得到有效落实。

总之，在“三新”背景下，开展课本剧编演活动是非常有价值的，从“教师的教”转向“学生的学”，让学生在实践活动中提升素养、全面发展。课本剧编演能起到学习兴趣激发、课文理解深化、创新能力培养、展示平台拓展的作用，让“三新”对教学的要求得到有效落实。

（二）引入项目式学习

1. 什么是项目式学习

项目式学习（Project-Based Learning，PBL）是一种以学生为中心的教学方法。它强调学生在一段时间内对真实的、复杂的问题进行探究，并从中获得知识和技能。这种方法的核心在于将学生的学习任务项目化，指导学生基于真实的情境提出问题，并利用相关知识与信息资料开展研究、设计和实践操作，最终解决问题并展示和分析项目成果。

项目式学习的起源和发展可以追溯到20世纪初。这种方法最初受到约翰·杜威（John Dewey）的实用主义哲学教育思想的影响。杜威反对以课堂、教师和教材为中心的传统教育模式，主张以学生、活动和经验为中心，让学生参与到真实的情境中来思考和解决问题，从而实现“做中学”。项目式学习的早期形式是设计教学法（Design Pedagogy），由杜威的学生威廉·H. 克伯屈（William H. Kilpatrick）在20世纪初提出。设计教学法强调以学生的兴趣和需要为基础，将有目的的活动作为教育过程的核心，让学生基于已有的知识和经验，主动建构知识并制订相应的学习计划，通过实践解决实际问题。这种方法在美国初等教育中得到了广泛应用。

到了1969年，加拿大麦克马斯特大学医学院正式在全校推出项目式学习教学模式。从此，项目式学习也开始从医学教育领域逐渐扩展到工程教育、职业教育等领域，并最终进入更多大学乃至中小学教育之中。项目式学习在全球范围内的应用也逐步扩展。

2. 项目式学习邂逅课本剧

学生自主举办《雷雨》展演活动，这是学习部编版高中语文教材必修下册第二单元时开展的探究性学习活动，旨在丰富学生的审美体验，培养学生的探究能力、创新思维和合作精神。学生参与人数多、热情高，高一全体学生参与，每个班分成若干学习小组，学生自主组织话剧表演活动，从班级擂台赛到年级擂台赛，高潮是学校展演活动。教师向学生提供有力的学习支持，在活动开展过程中相机进行指导和点拨，为学生创造展示交流作品的机会和平台。

项目式学习与课本剧的有机结合，通过剧本编写、剧本排演、展示交流和评议总结等一系列活动，引导学生在实践过程中深刻理解所学知识和文化内涵，以活动带动知识的获取和能力的形成，促使教学走向深入，促进学生全面发展。

这样的语文综合实践活动可以进一步完善，通过引入项目式学习，以真实的问题为基础，教师设计好实施项目，将剧本编写、剧本排演、鉴赏评价融为一体，学生借助于多元化的学习资料开展探究性学习，并将学习成果转化为小组作品进行展示，让学生直接体验、内化作品，再从内化到外化，提高文学鉴赏能力和审美能力。同时，变革语文教与学的方式，适应教育教学改革和创新人才培养需求。

（1）“做中学”点燃学生的学习热情

新课标设计了 18 个“学习任务群”，学习任务蕴含语文学习目标，指向语文核心素养，以任务驱动的方式引导学生在“做中学”。其中，“文学阅读与写作”学习任务群指出要“鼓励和引导学生自主组织、举办诗歌朗诵会、读书报告会、话剧表演等活动，丰富学生的审美体验”。学生在“做”任务的过程中，会深入研读文本，掌握必备知识，提升关键能力。

部编版高中语文教材必修下册第二单元的单元学习任务之一是组织学生从《雷雨》选段和《哈姆莱特》选段中任选其一进行戏剧演出。我们让学生自主组建学习小组，一个小组 6—7 人，首先认真学习这两篇选文，在学习中进行比较，确定最终的演出剧目。进入排演环节后，我们让学生各展所长，组织能力强的担任导演，文字功底好的当编剧，心灵手巧的负责道具准备，擅长表演的做演员……学生参与的热情很高，他们主动利用起课余时间排练，揣摩最合适的语气、语调，相互出主意设计最适宜的表演方式。在表演的过程中，他们主动走进文本，品味人物语言，把握人物性格，感知人物形象和戏剧冲突。表演是内在理解的外显，理解愈深入，表演愈精彩。从班级展示到年级展示，进而是全校展示，每个成果展示环节都既是分享，也是学习。学生在“做中学”，在表演中学习，在观赏中学习，学习目标在不自觉中即达成了。

教师在语文教学中可尝试引入项目式学习。项目式学习以学生为中心，以项目为载体，通过解决一系列真实的问题，引导学生在实践活动中建构知识、培养技能，它体现的就是“做中学”的教学思想。

（2）“学中做”转变教师的教学理念

新课标、新教材是在全新的教育教学理念下编制的，每一位教师都有一个学习和适应的过程。语文课程改革能否顺利实施，关键在于语文教师的素质是否适应新课改的要求。课堂转型的关键在于教师，教师首先要转变教学理念；其次要敢于在教育教学中不断尝试、实践与改进，在“学中做”，积极投身于课程改革，主动迎接挑战，敢于推倒重建。

新课标指出要“以自主、合作、探究性学习为主要学习方式”。有时候，学生讨厌的可能并不是学习内容本身，而是不当的学习方式，被动学习会慢慢磨去学生的生气。新课标也指出要“力求改变教师大量讲解分析的教学模式”。

学生学习方式的转变要从教师开始。教师是学习活动的组织者、引导者和参与者。教师既要关注学生的差异性，也要发挥学生的自主性，引导每一个学生都积极参与学习活动。在课本剧编演活动中，学生自主形成学习小组，同时选择一个思维敏捷、语言表达能力及组织能力强的学生担任组长，小组成员共同商讨适宜的、感兴趣的剧目进行表演。在课本剧《雷雨》编演活动中，有的小组选的是鲁侍萍与周朴园见面的场景，有的小组选的是鲁大海大闹周公馆的场景……每个小组都希望在成果展示中有出色的表现，学习小组在组长的带领下充分利用课余时间去揣摩剧本、人物、台词，一个人的学习变成一个小组的学习，被动接受知识变为主动探究、讨论。在教师设计的课本剧编演活动中，学生建立和形成了“主动参与、乐于探索、交流合作”的学习方式，真正成为学习的主人。

课本剧编演活动以如何编演课本剧为真实的问题，引导学生在“读剧本”“编剧本”“演剧本”等语文实践活动中解决问题，将语文和音乐、美术、信息技术融合在一起，将课堂学习和课外学习有机融合，转变学生的学习方式，最终发展学生的语文核心素养。当下的教育教学更加注重知识的实践性、操作性和应用性，更加注重各学科之间的交叉、融合，而这些正是项目式学习的重要特征。

实施项目式学习，可以调整教与学的关系，实现由以教为主向以学为主的转变。在项目学习过程中，教师从知识的传授者转变为项目的设计者和管理者；学生从知识的被动接受者转变为项目的主动实施者。

（3）“编演评”促使教学走向深入

剧本编写，可以提升学生的思维品质，也是学生语言建构的关键环节。为了让课文中的人物形象更丰满、故事情节更精彩，学生会在原有框架的基础上增加新的细节、新的冲突，从而让故事更有新意、更有深度，这就需要打破固有的思维模式。学生往往在绞尽脑汁后豁然开朗。这个过程虽然艰辛，但能促进学生理解力、想象力的提高，以及思维品质的提升。

剧本排演，可以丰富学生的审美体验，让学生感受戏剧的无穷魅力。表演需要学生自主揣摩人物语言后再进行实践训练，要求学生不仅要读音正确，还要能分解剖析及归纳整理剧本内容，深入人物内心，准确把握人物个性，反复斟酌台词、舞台说明的合理性和得体性，这有助于加快培养学生的语感。学生在排演中寻找趣味，在趣味中彰显智慧，以最大的热情投入学习中。

编演评价，是项目式学习的一个重要环节，可以激发学生的学习动力，考查学生语文核心素养的发展情况。教师可以为学生提供观察记录表、等级量表等自评互评工具，为学生的课本剧编演活动提供改进和完善的参考，鼓励学生积极参与戏剧的创作与思考，通过评价引导学生学会学习，激发学生的学习动力。同时，评价也能让教师了解学生语文核心素养的发展情况，教师可以采用现场观察、小组分享、评议总结等多种评价方式，丰富学生的表现性评价手段，全面衡量学生的发展状况，进而反思日常教学，调整教学策略，为学生的全面发展提供有力支持。

（三）在高中语文课堂中项目式学习实施的策略和路径

新课标将课程内容设计为 18 个“学习任务群”，学习任务群“以任务为导向，以学习项目为载体，整合学习情境、学习内容、学习方法和学习资源，引导学生在运用语言的过程中提升语文素养。若干学习项目组成学习任务群”。这一设计理念与项目式学习的理念相一致，都体现了“做中学”的教学思想。实施项目式学习，可以调整教与学的关系，实现由以教为主向以学为主的转变。

项目式学习可以真正实现“以学生为中心”，使学生在完成项目的过程中自觉主动地开展自主、合作、探究性学习，从而真正落实学生的主体地位。

高中语文项目式学习就是以语文课程标准为依据，以学习项目为载体，创设真实的问题情境，引导学生通过多样的语文实践活动解决问题，最终发展语文核心素养的教学方法。

1. 明确目标，以问题为驱动

对于高中语文教师而言，在开展课堂活动时，为了确保项目式学习的效果，应当紧紧围绕语文教学内容，全方位提升学生的综合技能，有效落实语文核心素养。由此可见，在项目的具体实施过程中，教师需要根据所教授的内容设计高质量的驱动问题，围绕问题培养学生的求知欲，激发学生自主探究及实施项目的热情，只有这样才能全方位夯实学生的学科素养。

例如，在《雷雨》教学中，教师可以设计“阅读《雷雨》全剧，分析不同角色的个性及思想，以课本剧的方式还原第二幕”这一驱动问题，以此为项目式学习的主任务。在采用项目式学习教学方法时，教师应当坚持“以终为始”的设计理念。为了确保驱动问题的价值性，教师可以通过“成品”逐步助推项目任务的完成，调动学生通过自主探究来获得最终成果的积极性。“以课本剧的方式还原第二幕”

既作为项目式学习的主任务，也作为最终的成品。教师设计驱动问题有助于拓宽学生的阅读视野，学生能够自主探究《雷雨》作品，了解作品所表现的现实内容，把握主人公的语言特点，分析主人公的性格特征，了解表演课本剧的具体技巧，等等。上述任务一方面融合了阅读分析、交流、探究等一系列实践活动，另一方面能够培养学生的自主探究能力，同时能够有效落实核心素养的培养目标。

2. 创设情境，辅助项目推进

对于高中阶段的语文学科而言，古诗文占比较大，学习难度也较大，对学生的品鉴技巧提出了较高的要求。为了使学生能够更好地学习古诗文，教师需要有效结合项目式学习内容所创设的情境，帮助学生在特定的情境中加深对古诗文的理解，进而提升学生的品鉴能力。

例如，在讲到部编版高中语文教材选择性必修下册第一单元杜甫《蜀相》这首诗时，学生学习的可以不仅仅是《蜀相》这一首诗，还可以包括必修上册第三单元苏轼《念奴娇・赤壁怀古》和辛弃疾《永遇乐・京口北固亭怀古》，必修下册第八单元王安石《桂枝香・金陵怀古》等古诗词。这些都与“怀古”主题相关，所以不妨设计这样的情境：班级将以“以史为鉴，咏史怀古”为主题，组织一次研讨会，请自行选择合作伙伴，综合阅读体验，写一篇调查报告，至少提及五首与怀古有关的古诗词。

接着，在所创设的情境中推进项目式学习，方式主要有课堂教学活动和分组探究活动两种。前者是学生围绕学习问题展开探究，教师及时提供指导和点拨。后者是在课堂教学活动之后，各小组根据各自的推荐内容，制订学习计划，进行分工与合作，进一步学习相关内容。

教师提供小组项目式学习进度表，小组成员在学习过程中记录各自的进度与完成情况。

创设情境有助于弥补传统教学活动的不足，拉近教学与现实生活的距离。创设情境能够实现学科之间的有效融合，一方面有助于学生掌握学科知识，另一方面有助于学生夯实历史文化知识根基。学生的阅读视野将更为开阔，同时能够具备较高的综合素质。

3. 搭建支架，促进项目落实

在具体的落实过程中，如果只是依靠学生的力量，往往不能确保项目式学习的最终成效。教师需要全方位考虑学生在具体的落实过程中可能面临的阻碍，提前准备好学习支架，具体包括学习方法、学习资源等方面，只有这样才能帮助学生顺利完成最终任务。学习支架一方面能够确保项目的有效落实，增强学生的学习成效；另一方面能够助推学生运用科学的学习方法，提升学生学以致用的能力。

例如，在《红楼梦》阅读教学中，除教材提供的各种资源以外，教师还要给学生提供更多的学习资源，比如各种关于《红楼梦》的文献资料、人物关系表等。“授人以鱼，不如授人以渔。”在阅读《红楼梦》的过程中，学生也会遇到一些问题，教师可以为学生提供一些学习方法，引导学生学会批注等，这样可以大大提高学生的阅读效率。教师还可以为学生提供范例、音视频等辅助工具，协同学生收集学习资源。

4. 成果激励，促进深度学习

项目式学习的“成果”就是学生最终创作的作品。作品的形式比较丰富，教师通常需要根据学习内容做出全方位的规划。假如项目式学习内容与阅读鉴赏活动密切相连，教师可以向学生布置完成阅读心得写作的任务；假如项目式学习内容与调查研究活动密切相连，教师可以向学生布置完成调查报告的任务；假如项目式学习内容与口语交际活动密切相连，教师可以组织演讲比赛等类似活动。

例如，部编版高中语文教材必修下册第六单元有《祝福》《林教头风雪山神庙》《装在套子里的人》《促织》《变形记》等篇目，我们据此可以设置单元主题：赏名家经典，析文中人物。课前教师与学生一起明确项目主题和目标，学生以小组为单位，利用 PPT、流程图、手抄报等形式展示预习成果；对比各篇小说中的人物形象，小组成员合作撰写人物形象解说词；通过对每篇小说的“不合理”处、“矛盾”处进行分析，探究小说人物形象和形成此人物形象的社会根源及其社会影响。最重要的是以小组为单位，对相关作品进行汇报和布展，看看哪一个小组所选取的人物可以入选“世界文学形象名人堂”。

教师可以设计一对一的辩论赛，根据前面学生对入选“世界文学形象名人堂”人物的选择，组织三场小型辩论，辩论围绕谁更有资格入选“世界文学形象名人堂”展开，每个学生参加一场即可。这样的话，学生的学习就不再局限于阅读课本内容，而是能够在此基础上进行更高层次的思考和讨论，这种学习方式比单纯的文本阅读更有实际意义和价值。该指向成果的项目式学习有助于增强学生的成就感。

项目式学习有助于加深学生对课程知识的理解。为了调动学生完成任务的积极性，教师在最初环节往往就应当考虑最终的成果形式，学生通过最后的展示环节能够更好地理解项目内涵。

在新课改、大概念、大单元的背景下，教师可以在高中语文教学中充分利用项目式学习优化课堂，改变传统的教与学方式，更好地突出学生的主体地位，让学生能够在实践活动中学习，这也有助于从根本上实现核心素养的培养目标。

（四）项目式学习在课本剧编演中的实施步骤

项目式学习旨在通过融合项目任务与学科内容，让学生组建团队开展基于开放性现实问题的探究活动，并最终形成具体的项目成果。项目式学习在课本剧编演中的实施步骤如下。

1. 确定主题并提出驱动问题

教师在选择主题时，应基于学生的兴趣，确保他们能够积极主动地参与其中。兴趣是学生投入项目学习的重要动力。主题应与学生的现实生活或未来规划紧密相关，以提高学习的实用性和适用性。真实的情境有助于学生理解知识的实际应用场景。项目不应仅局限于对已有知识的巩固，还应促进对新知识的理解，并在新旧概念之间建立起联系。这种联结有助于学生构建更加完整的知识体系。

设计驱动学习任务的问题，应确保问题与学习目标紧密相关。这样的问题能够引导学生深入探究和学习。

2. 合理组建团队并有序分工

基于学生偏好和实际情况进行分组，营造归属感和接纳氛围。团队成员的互相认同有助于增强学习效果。成员经协商和教师指导，进行清晰、明确的分工。合理的分工能够确保每个成员都为项目贡献自己的力量。

3. 提供促进学生自主发展的机会

给予学生自主选择和设计项目的机会，只在必要时进行适当干预。自主发展是我国学生核心素养之一，项目式学习是促进学生自主发展的重要途径。鼓励学生提出多种解决方案并进行实践，优化解决问题的过程。开放的态度能够激发学生的创新思维。

4. 给予学生一定的指导

在项目实施之前和实施过程中，教师应提供必要的理论和方法指导，包括基础知识、科学性知识和合作学习方法等；帮助学生聚焦问题、突破瓶颈，并进行经验总结。教师的指导有助于增强项目式学习的实施效果。

5. 明确学习的规范并提供自我管理的工具

制定清晰、可行的制度，规范学生的学习行为。明确的规范能够保证项目式学习的有序进行。制定明确的目标和严格执行的进度表，确保学习活动的连贯性和深度。目标和进度表是学生进行自我管理与监控的工具。

6. 建立科学、有效的评价体系

评价体系应体现公平性，并结合过程性评价和终结性评价。多元化的评价方法能够全面反映学生的学习成果。教师应帮助学生正确地理解评价要求，实现自我管理和行为修正。明确的评价标准有助于提高学生的自觉性。

7. 明确学习的预期成果与评价方式

明确项目的预期成果，并设计合理的评价方式。成果的展示和评价既是对学生努力的认可，也是对学习效果的检验。

通过合理地规划和执行，项目式学习能够有效提升学生的核心素养和综合能力。在实际操作中，教师应根据具体情况灵活调整和优化实施方案，以确保项目式学习达到最佳效果。

示例 4

基于项目式学习的课本剧编演实施方案

为了推进将课本剧编演作为项目式学习的实践研究，提炼出具有学科特色的项目式学习模式，变革语文教与学的方式，适应教育教学改革和创新人才培养需求，特制订本实施方案。

一、项目实施背景

新课标指出，语文教学应突出实践，注重创造性阅读，积极倡导自主、合作、探究性的学习方式，努力建设开放而有活力的语文课程。本项目着眼于提升学生的文学素养，培养学生对语言文字的感悟能力和对社会生活的感知能力，综合语言、文化艺术等多方面知识，是来源于生活而又高于生活的学科探究类项目式学习。

二、项目实施目标

本项目的核心目标是通过课本剧的编写和排演，引导学生在体验的过程中提高文学创作能力，通过小组合作评选最佳团队、最佳演员的方式，培养学生的合作精神，让学生直接体验、内化作品，再从内化到外化，提高文学鉴赏能力和审美能力。

三、项目实施过程

（一）设计驱动问题

为了激发学生的学习兴趣，设计了驱动问题："我校准备策划一场'品味经典，演绎人生'微剧展演，请你以导演、编剧的身份，通过戏剧表现形式、语言艺术、人物塑造等，设计一个微剧本并进行排演。"

（二）编写剧本

活动1：研读课文，推敲课文的语言文字，做到知背景、明主题、熟内容。引导学生利用书籍和网络资源进行相关的研究性学习，了解一些剧本基础知识，以便把握剧本的特点，如矛盾和冲突的集中与激发、演出的动作性、语言的个性化等。

活动2：学生自由组合，一般以7人为单位形成创作小组，分小组进行剧本编写。

活动3：各小组将创作的剧本上传至班级空间，师生一起阅读，针对剧本的优缺点进行点评，提出修改意见。各小组汇总大家的意见并进行修改、定稿。

教师要提醒学生在修改剧本时，细心体会戏剧情节发展和人物之间的关系；关注细节，特别要着意推敲那些意蕴丰富、充分表现人物性格和内心活动的台词与动作。此外，教师还要提醒学生对舞台布置、服装、灯光等方面给予充分关注，写好舞台说明，完善剧本的创作。

（三）排演剧本

活动1：剧本定稿后，小组成员结合剧情冲突，揣摩台词，体会人物情感，分析人物形象，并在小组内交流分享。

活动2：如果让你来表演，你最想扮演谁？你认为怎样表演才能突出人物的个性？请在小组内毛遂自荐。

活动3：每组设导演一名、演员若干名，排演课本剧。排练时，演员们斟酌台词、语调、语速等，力求准确地表现角色的心理活动，并且辅之以神态、动作，突出角色的个性。

学生在进入排演阶段，投入剧情之中，化身为剧中人物后，也许就会发现许多在阅读剧本时没有发现或没有充分考虑的问题。此时，教师要提醒学生特别注意人物之间的互动，借此“演”出人物的性格，让台上的人物始终处于互动之中，从而让戏“活”起来。

活动4：参与班级的“品味经典，演绎人生”校园课本剧比赛选拔，通过比赛选出最佳团队，参加年级展演。

活动5：年级展演。

活动6：演出结束后，全班参与评议。请担任导演、演员的学生谈谈心得体会。评议结束后，每个学生写一篇不少于800字的文章，可以说说自己对所排演的剧本的理解，也可以记录观剧心得，还可以分析剧中的人物形象。

四、项目成果与评价

本项目的成果分为两类：一类是学生以小组为单位创作的剧本，全体学生都参与其中，充分运用了各自的智慧，最大限度地调动了自己的积极性和主动性，这也是这项活动的亮点所在；另一类是学生的课本剧表演。因此，对本项目的评价也主要围绕两个方面展开，即课本剧编写和课本剧表演，具体可利用项目评价量表进行评价，如表1-3和表1-4所示。

表 1-3　课本剧编写项目评价量表

编写小组：　　　　　　　　　　编写项目：

评价项目	评价要点	组内自评	班级其他同学评价	教师评价
剧本编写	尊重原文，力求呈现原文的主题与主要内容			
	想象合理，富有创意			
	戏剧矛盾突出，人物台词个性鲜明			
	舞台说明具体			
	适合演出，时间、空间高度集中			
	互评、修改活动中，有很强的参与意识、合作意识			
总分				

说明：

1. 按照等级评分，分为 A（8~10 分）、B（4~7 分）、C（0~3 分）三个等级，请给出相应等级中的具体分数。

2. “互评、修改活动中，有很强的参与意识、合作意识”一项只进行组内自评。

表 1-4　课本剧表演项目评价量表

表演班级：　　　　　　　　　　表演小组：

评价项目	评价要点	组内自评	班级其他同学评价	其他班级同学评价	教师评价
舞台和道具	舞台背景简练明快，服装道具符合时代特征				
整体流畅度	各幕各场转换自然，整体表演流畅				
剧本表演	普通话标准，表达清晰				
	语气语调、表情动作符合人物性格				
	人物之间互动良好				
	感染力强，能较好地带动现场气氛				
结构	结构完整：开端（序幕）—发展—高潮—结局（尾声）				
总分					

说明：

按照等级评分，分为 A（8~10 分）、B（4~7 分）、C（0~3 分）三个等级，请给出相应等级中的具体分数。

第二章

课本剧编写

课本剧是由语文课本中一些有情节的文章改编而成的适合学生演出的戏剧。课本剧力求呈现原文的主题与主要内容，尽量运用原文中的语言、动作及故事情节等来塑造人物，由此更好地阐释文章的内涵。要想把课本中叙事性的诗文改编成课本剧，首先要懂得剧本的特点，然后根据其特点编写出符合要求的课本剧。

为了创作出既有教育价值又具吸引力的课本剧，在课本剧的编写过程中，必须遵循一定的原则，以为观众带来丰富的艺术体验和深刻的教育启示。

第一节　课本剧编写原则

一、空间和时间要高度集中

相较于小说、散文可以任思绪驰骋于无垠的时空，戏剧受到舞台限制，要求时间、人物、情节及场景高度凝聚于方寸舞台之间。观其空间，虽仅一方舞台，然数人之表演，却能巧代千军万马的磅礴气势；察其时间，不过几圈台步，竟可妙展跨越万水千山的漫长征程。场景一换，人物一变，便如瞬息进入全新境地或历经岁月沧桑。相隔千里之遥，跨越数年之久，皆能借幕、场的变换，于舞台之上精彩呈现。

剧本之中，常以“幕”和“场”精准划分段落与情节层次。“幕”

者，情节演进之大段落也，恰似历史长卷中的宏大篇章；而一“幕”又可细分为数“场”，“场”则依据空间转换或时间间隔来界定（常以人物的上下台为清晰标识）。而且，剧本篇幅宜精简，人物设置勿繁杂，场景转换莫频繁。例如，经典之作《雷雨》，以四幕戏精妙架构，高度浓缩周朴园家族三十年的恩怨情仇。每幕戏皆精心布局，情节连贯且紧凑，犹如精雕细琢之美玉，无懈可击，实乃剧本创作之典范佳作，为后世编剧者提供了极具价值的借鉴范例，启迪着众多创作者在有限的舞台空间与时间内，挥洒无限的创意与才华，编织出扣人心弦的精彩故事，让舞台艺术的魅力得到淋漓尽致的展现。

二、反映现实生活的矛盾要尖锐突出

各类文学作品，无一不聚焦社会的矛盾冲突，而戏剧，因其独特的时空局限，对矛盾的呈现更求犀利与集中。戏剧之魂，在于对现实生活矛盾的深刻反映，故云：“无矛盾冲突，即无戏剧之精髓。”又限于剧本篇幅与演出时长，须将现实生活的纷繁世事精炼为舞台上的重重矛盾冲突，使之成为舞台之灵魂。

编写课本剧，首先要深入剖析课文情节，细辨其中关键矛盾之所在，据此确立故事发生的场景与时间背景。剧本中的矛盾冲突，犹如乐章的四部，分为发生、发展、高潮与结局，各部分环环相扣，缺一不可。矛盾自初现端倪起，便应如磁吸铁，紧紧抓住观众的心；及至高潮，矛盾激化，剧情跌宕起伏，此乃全剧的华彩乐章，最是引人入胜，令人“心悬一线”。高潮部分，是编剧与演员匠心独运、精雕细琢的重点，亦是剧本成功与否的关键所在。

以《哈姆莱特》为例，其复仇之路，荆棘满布，矛盾重重，每一抉择皆牵一发而动全身，不仅推动剧情跌宕起伏，更深刻剖析人性之幽微与社会之复杂，实为戏剧艺术的典范，启迪后世创作者于方寸舞台间，展现人生百态，演绎世间万象，让戏剧之光照亮人心、映照社会。

三、剧本的语言要表现人物性格

剧本的语言，兼具台词与舞台说明双重要素，二者相辅相成，共构戏剧的华章。是台词，剧中人物之言，乃剧本的灵魂所在，涵盖对白、独白、旁白多种形式，各展其妙。独白，人物独处时的心声流露，或情感激荡，或愿望昭彰，是故作深沉之态；旁白，角色旁白于台下，对观众娓娓道来，揭示剧情，如旁观者清，别具一格。台词之于剧本，犹如灵魂之于躯壳，以其精准之言推动情节之轮滚滚向前。人物性格之千姿百态，身份之尊卑有别，思想感情之细腻入微，皆借由台词彰显。因此，台词务求通俗自然，简练明确，口语化而又不失文雅，如此方能在舞台表演之际字字珠玑，令观众如痴如醉，沉浸于剧情之美妙。

舞台说明，是剧本不可或缺的补充，乃剧本中的说明性文字，为剧情之框架、人物之背景，犹如画卷之轴，支撑起整个故事架构。舞台说明涵盖剧中人物的详尽罗列，剧情发生时间、地点的明确标示，服装、道具、布景的精心设定，以及人物表情、动作、上下场的细致描绘，凡此种种，皆为刻画人物性格、推动剧情发展的重要元素。其位置多变，或位于幕（场）之首，以启剧情之始；或藏于幕（场）之尾，作剧情之总结；抑或穿插于对话之间，承上启下，使剧情更加连贯流畅。舞台说明务求简明扼要，要言不烦，以最少的语言传达最多的信息，使观众能一目了然、心领神会。

以《茶馆》为例，其台词之精妙，堪称一绝。王利发的语言，幽默而不流于浅薄，圆滑而不失分寸，将茶馆掌柜的精明与无奈刻画得入木三分，令人拍案叫绝。而舞台说明，则如幕后之手，巧妙布置，为整个故事提供了坚实的支撑。其简洁的语言，如画龙点睛，将茶馆之风貌、人物之神态、剧情之转折，一一呈现在观众眼前，使人如临其境，如闻其声，仿佛置身于那个风云变幻的时代，与剧中人物同呼吸、共命运。

第二节　课本剧编写的一般格式

编写课本剧，需要精心构思其结构框架。首要之举，是深入剖析课文主题思想与故事情节，继而据此进行巧妙改编。

在设计人物对白、动作与表情时，需要遵循人物出场之顺序，富有创意地进行编排。此三者相辅相成，在对白之前或之后，可借提示语明确动作与表情之要义。

剧本开篇，宜清晰罗列剧中人物，并赋予其简洁明了的代称，以便后续表述。场景安排亦需悉心筹划，包括布景、道具的设计与制作及其摆放位置的确定，均应与剧情相得益彰。

依据课文故事情节的发展脉络，逐一引导人物登场表演。人物对白不应机械照搬课文原话，而应在保留原意的基础上，力求生动幽默，彰显个性。

课本剧编写的一般格式如下。

一、标题

标题要简洁明了，能够准确概括课本剧的主要内容或核心主题，让人一看就大致知道剧情的走向，如《孔乙己外传》《范进中举新篇》等。

二、人物表

列出剧中出现的所有人物，并对每个人物的身份、性格特点等做简要介绍。介绍不必过于详细，但要突出人物的主要特征，以便演员更好地理解和塑造角色。例如：

孔乙己：一个穷困潦倒、深受封建科举制度毒害的知识分子，善良又迂腐，爱面子但又常常被人嘲笑。

掌柜：咸亨酒店的老板，自私、冷漠，只关心生意和钱财，对孔乙己只有利用和嘲笑。

三、场景

时间：明确故事发生的具体时间，如上午、下午、晚上，或者具体到某个季节、年份等，这有助于营造氛围和推动情节发展。

地点：详细说明故事发生的地点，如学校的教室、操场、图书馆及家中的客厅等。对地点的描写要具体，让读者能够清晰地想象出故事场景。

环境：对场景中的环境进行描写，包括天气状况、周围布置、光线等。环境描写可以为剧情增添氛围，烘托人物心情，推动情节发展。

四、剧本主体

对话：这是课本剧的核心部分，人物之间的交流通过对话来实现。对话要符合人物的身份、性格和当时的情境，语言要简洁明了、生动形象，尽量避免过于书面化或冗长的表述。

动作提示：在对话的旁边或适当位置，用括号等形式标注出人物的动作、表情等。动作提示要具体、明确，能够帮助演员更好地理解角色的行为和情感，增强表演的表现力。

情节推进：按照故事的发展顺序，通过人物的对话和动作，逐步展开情节。情节要有起伏，有矛盾和冲突，能够吸引观众的注意力。

五、结尾

结局呈现：课本剧的结尾要对故事的结局进行明确的呈现，让观众清楚地知道故事的最终走向。结局可以是圆满的、悲剧性的，也可以是开放性的，给观众留下思考的空间。

主题升华：在结尾部分，可以借人物的对白或旁白等，对整个故事的主题进行适当的升华，引发观众的思考和共鸣，使课本剧具有更深层次的意义。

以下是一个简单的课本剧示例片段：

《孔乙己》（片段）

人物表

孔乙己：略

掌柜：略

酒客甲、乙、丙：普通酒客，喜欢嘲笑孔乙己

场景　咸亨酒店

时间：下午

地点：咸亨酒店

环境：咸亨酒店里，顾客们三三两两地坐着喝酒聊天。柜台里，掌柜正忙着算账。

孔乙己　（穿着长衫，慢慢走进酒店，排出几文大钱）温两碗酒，要一碟茴香豆。

掌　柜　（抬头看了一眼孔乙己，笑了笑）哟，孔乙己，你又来啦！这次可别再赊账了。

孔乙己　（涨红了脸）我……我这次带钱了。（把钱放在柜台上）

酒客甲　（大声地）孔乙己，你脸上又添新伤疤了！是不是又偷东西被打了？

孔乙己　（赶紧用手捂住脸）你……你胡说！我……我是自己不小心摔的。

……

以上只是一个基本的格式框架，在实际编写中可以根据具体的课文内容和创作需求进行适当的调整与创新。

第三节 课本剧编写技法

编写课本剧涉及选择合适的课文、深入理解课文内容、精心设计人物语言、适当删减或增加情节、设计舞台布景及考虑观众接受度等多个方面的内容。

一、选择合适的课文

首先，要选择一篇适合改编成课本剧的课文。通常，故事性强、情节丰富、角色鲜明的课文更适合改编。其次，要考虑学生的年龄特点和认知水平，选择他们能够理解并感兴趣的课文。如果选择的课文篇幅太长，也可选取其中一个段落层次。

以《鸿门宴》为例，它的故事性强，情节有转折、有冲突，人物形象鲜明，非常适合改编成课本剧。

故事性强：《鸿门宴》讲述了刘邦、项羽两大军事集团在鸿门宴上的一场惊心动魄的政治斗争，从刘邦谢罪、项羽设宴，到项庄舞剑、樊哙闯帐，再到刘邦借机逃脱，情节跌宕起伏，扣人心弦。

角色鲜明：项羽刚愎自用、优柔寡断；刘邦圆滑世故、能屈能伸；

范增老谋深算、急于除刘；张良足智多谋、忠心护主；樊哙勇猛豪爽、粗中有细。这些角色性格迥异，为演员提供了很大的表演空间。

学生认知：高中生对历史故事有一定的了解和兴趣，理解《鸿门宴》的历史背景和人物关系对于他们而言并不难，同时他们又能通过演绎深入体会人物内心和历史事件的复杂性。

篇幅处理：如果觉得全文篇幅过长，可以截取鸿门宴上最精彩的“项庄舞剑，意在沛公”到樊哙闯帐这一段落，集中展现宴会的紧张冲突和人物的激烈交锋。

二、深入理解课文内容

对于所要改编的课文，要知晓背景、明确主题、熟悉内容。人物性格的内涵与特定的历史背景是相互联系的，也都是为表现作品的主题服务的，所以，不仅要清楚文中人物性格，还要清楚其性格形成的社会背景，清楚作者塑造此形象的用心。

以《祝福》为例，来深入剖析如何从知晓背景、明确主题、熟悉内容及把握人物性格与社会背景之间的关系等方面进行课本剧改编。

知晓背景：《祝福》创作于 1924 年，当时中国正处于半殖民地半封建社会，封建礼教对人们的思想束缚极为严重。妇女在社会中处于极度弱势地位，承受着政权、族权、神权、夫权的多重压迫。鲁迅通过对祥林嫂悲惨命运的描写，深刻揭示了封建礼教“吃人”的本质。在编写课本剧时，要充分考虑这一历史背景，在场景布置、人物对话等方面体现出当时社会的压抑氛围。比如，在鲁镇的场景中，展现出传统封建小镇的布局和人们的传统服饰、言行举止等，让观众能直观感受到那个时代的特征。

明确主题：《祝福》的主题是批判封建礼教对人性的戕害，展现底层人民尤其是妇女在封建制度下的悲惨遭遇，引发人们对社会问题的思考。在编写课本剧时，所有的情节设置、人物塑造都要围绕这一主题进行。比如，在剧情高潮部分，着重展现祥林嫂在捐门槛后仍不被社会接纳，最终精神崩溃的情节，突出封建礼教的残酷和不可抗拒，让观众深刻理解主题内涵。

熟悉内容：《祝福》的故事情节较为复杂，即从祥林嫂初到鲁镇做工，到她被婆家强行带走再嫁，后又回到鲁镇，最后在众人的祝福声中悲惨死去。在编写课本剧时，需要对这些情节进行梳理和筛选，选取其中最能体现主题和人物性格的部分。比如，祥林嫂再嫁时的反抗情节，要详细展现她的挣扎和痛苦，这不仅是她个人性格的体现，还反映了封建礼教对女性的压迫。同时，鲁四老爷对祥林嫂的歧视性语言和行为，以及周围人对她的冷漠态度等细节，都要在剧本中得到准确呈现，因为这些内容是故事的重要组成部分，也是理解主题的关键。

人物性格与社会背景：祥林嫂是一个勤劳善良、坚韧顽强但又愚昧无知的农村妇女。她的性格形成与当时的社会背景密切相关。在封建礼教的束缚下，她认为再嫁是违背伦理道德的，所以在再嫁时进行了激烈反抗；而被社会抛弃后，她又将希望寄托于封建迷信，如捐门槛以求赎罪。鲁四老爷是封建礼教的卫道士，他冷酷、自私、迂腐，是封建礼教的具体化身，他对祥林嫂的种种行为，正是封建礼教对底层人民迫害的体现。演员要深入理解人物性格形成背后的社会根源，通过表演将人物性格和社会背景紧密联系起来，让观众看到人物性格是如何在特定的社会背景下形成和发展的，从而更好地理解作品主题。

三、精心设计人物语言

剧本中人物的语言非常重要，人物的思想感情、性格、身份靠它来表现，甚至剧情的发展也靠它来推动。在编写课本剧时，要将故事中人物的对话改成对白，心理活动描写改成独白或旁白。人物的语言要符合人物的身份、地位、文化修养，不可长篇大论。尤其要注意语言的动作性，即语言要反映人物的动作、表情、心理变化，即使说话的人没有相应的肢体动作，也要让观众能从中感受到相应的动作，还要好念、上口。

下面以《林黛玉进贾府》为例，分析剧本中人物语言的特点。

符合人物身份、地位：王熙凤出场时，未见其人，先闻其声，“我来迟了，不曾迎接远客”这样短短一句话，便将她在贾府中受宠、地位不凡且性格泼辣的特点展现得淋漓尽致。她是贾府的管理者，这样的出场和言语符合其身份。而林黛玉初入贾府，言行谨慎，面对贾母的询问，回答“只刚念了《四书》”，又因得知姐妹们没读什么书，便改口“不曾读，只上了一年学，些须认得几个字”，尽显寄人篱下的小心与内敛，符合她的身份和性格。

反映动作、表情、心理变化：贾母向林黛玉介绍王熙凤时说“他是我们这里有名的一个泼皮破落户儿，南省俗谓作‘辣子’，你只叫他‘凤辣子’就是了”，言语间既有对王熙凤的宠爱，又有打趣之意，让读者仿佛看到贾母笑着摇头向林黛玉介绍王熙凤时的神情。王熙凤拉着林黛玉的手，上下细细打量了一回，仍送至贾母身边坐下，笑着说："天下真有这样标致的人物，我今儿才算见了！况且这通身的气派，竟不像老祖宗的外孙女儿，竟是个嫡亲的孙女……"这里的语言配合王熙凤的动作，既展现了她善于逢迎的性格，又让读者仿佛看到她那夸张的表情和亲昵的动作，以及极力讨好贾母及贾府众姐妹的心理。

推动剧情发展：贾宝玉得知林黛玉没有玉，顿时发起痴狂病来，摘下那玉，就狠命摔去，骂道："什么罕物，连人之高低不择，还说'通灵'不'通灵'呢！我也不要这劳什子了！"贾宝玉的这一番言语和举动，引起了众人的慌乱，贾母、王夫人等纷纷劝慰，推动了情节的发展，也进一步展现了贾宝玉叛逆、追求平等的性格特点。

好念、上口：这些人物语言都是较为通俗易懂的白话文，符合当时的语言习惯，读起来朗朗上口，如"快再休提前话""妹妹几岁了？可也上过学？现吃什么药"等，演员表演时容易念诵，观众也能轻松理解其中的含义。

四、适当删减或增加情节

根据实际需要，可以对剧本情节进行适当的删减或增加。删减情节可以突出主题，使故事更加紧凑；增加情节可以丰富故事内容，使表演更加生动有趣。编写课本剧时，往往存在一个问题：照抄课文中的人物对话，抄完了，戏里的人物就无话可说了；对于舞台说明，也照抄课文中的叙述语句，冗长啰唆。应该明确的是，编写课本剧时，可适当增删，无论是人物对话还是舞台说明，都是为主题服务的。删减或增加情节，既要适应剧情发展及人物性格呈现的需要，又要适合舞台演出。对于课文中一些能突出人物性格的对话及有关动作，要在剧本中体现，注意突出其作用。

下面以《装在套子里的人》为例，探讨如何在课本剧编写中进行情节的增删。

（一）删减情节

课文中对别里科夫生活的小城有大量的环境描写，如对街道、房屋、居民日常等的细致描写，这些描写虽有助于展现社会背景，但在课本剧中可适当删减。因为舞台上难以完全呈现这些复杂的环境，且过多的背景描写会使节奏变得拖沓。比如，像“在别里科夫这类人的影响下，全城的人战战兢兢地生活了十年到十五年，什么事都怕。他们不敢大声说话，不敢写信，不敢交朋友，不敢看书，不敢周济穷人，不敢教人念书写字……”这样冗长的描写，可简化为旁白简单带过，突出别里科夫这类人对小城人思想的禁锢这一主题，使故事更加紧凑。

课文中对别里科夫外貌及穿着的描写较为详细，在舞台说明中可简化为“别里科夫穿着套鞋，裹着棉大衣，戴着帽子，将自己严严实实地包裹起来，神色慌张地走进教室”，突出关键特征，让演员能快速把握形象特点。

（二）增加情节

丰富人物冲突：课文中别里科夫与柯瓦连科的冲突情节，可适当增加细节。比如，在别里科夫看到柯瓦连科骑自行车后，增加一段两人在学校走廊上的再次对峙。别里科夫满脸惊恐，双手在空中挥舞着，大声指责柯瓦连科的行为伤风败俗，而柯瓦连科则双手抱胸，一脸不屑地反驳，进一步激化两人的矛盾，这凸显了别里科夫保守、顽固的性格，以及柯瓦连科敢于反抗的特点。

展现内心矛盾：为了让别里科夫这个人物的形象更加立体，可增加一段他独自在房间里的内心戏。当看到华连卡和柯瓦连科相处愉快时，别里科夫心生嫉妒和不安，在房间里来回踱步，自言自语，纠结于自己对这种“不合规矩”行为的看法，同时又对华连卡有着一丝向往。这个情节通过独白的方式，展现了别里科夫内心传统观念与人性本能的挣扎，使表演更加生动，人物性格更加丰满。

增加舞台说明：在别里科夫与柯瓦连科发生冲突时，增加舞台说明“别里科夫身体微微颤抖，眼睛瞪得很大，额头冒出细汗”，强化对其情绪和动作的表现，使观众能更直观地感受到人物性格在情节中的变化。

增加场景转换说明：为了让舞台场景转换自然，增加一些场景转换的说明。比如，场景从学校转换到别里科夫家时，注明“舞台灯光渐暗，音效模拟街道嘈杂声渐弱，紧接着另一束灯光亮起，照在布置简单、堆满各种套子的别里科夫家”，帮助观众理解场景的变化，满足舞台演出的实际需求。

五、设计舞台布景

设计舞台布景是课本剧编写过程中的一项重要工作。通过合理的舞台布景设计，可以为观众呈现更加生动、有趣的剧情世界，进一步提升他们的观赏体验和理解深度。

下面根据剧本的主题和内容，确定舞台布景的整体风格。如果剧本讲述的是古代的故事，那么舞台布景可以采用古代的建筑风格。选择与故事情节相符的场景，营造出与故事内容相应的氛围。通过合理的道具布置和灯光设计，进一步突出舞台布景的效果。例如，在布置古代宫殿场景时，可以使用金色的窗帘、红色的地毯等道具，同时利用柔和的灯光营造出宫殿的华丽氛围。

舞台布景是展现剧本场景的重要手段。通过舞台布景的设计，可以突出剧本的主题和核心思想。精心设计的舞台布景能够吸引观众的眼球，增强他们的观赏体验。

下面以《窦娥冤》为例，来设计舞台布景。

（一）整体风格

《窦娥冤》是元代杂剧，反映了当时黑暗的社会现实，整体风格应偏向古朴、沉重且带有一定的压抑感。采用元代的建筑元素，如灰瓦土墙、木结构等，以体现时代特征。

（二）场景选择与氛围营造

公堂场景：这是关键场景之一。舞台中央布置一座高台，代表公堂的审案处。台上放置一张大案桌，桌后设一把太师椅，供太守桃杌坐。案桌上摆放着惊堂木、纸笔等道具。公堂两侧立着几个衙役，手持水火棍。背景用灰暗色调的幕布，模拟公堂墙壁，上面可绘制一些威严的图案，如神兽等。灯光采用较为昏暗的色调，突出公堂阴森、压抑的氛围，展现官府的黑暗与不公，暗示窦娥在这种环境中申冤无门的困境。

刑场场景：舞台后半部分搭建一个类似刑台的高台，周围用绳索简单围挡。刑台下放置一些干草，模拟刑场的荒芜。在刑台一侧，布置一根粗壮的木桩，用于绑缚窦娥。背景是阴沉的天空幕布，可绘制一些乌云，预示着悲剧的发生。周围可放置一些破旧的兵器，营造出一种血腥、残酷的氛围。灯光以冷色调为主，尤其是当窦娥发下三桩誓愿时，灯光可适当闪烁，增强悲剧效果，突出窦娥所遭受的冤屈及对黑暗社会的强烈控诉这一主题。

（三）道具和灯光运用

道具：在公堂场景中，除上述提到的道具以外，还可让衙役们手持的水火棍上带有一些陈旧的血迹，暗示公堂的黑暗与暴力。在刑场场景中，为窦娥准备一块破旧的头巾，披散的头发，再加上一身褴褛的囚服，凸显她的悲惨遭遇。同时，在刑场周围放置一些破旧的灯笼，部分灯笼歪倒在地，象征着社会的黑暗与混乱。

灯光：在窦娥讲述冤屈时，可从舞台上方投射一束追光在她身上，将她与周围黑暗的环境区分开来，突出她的孤立无援和冤屈。在窦娥发下三桩誓愿后，随着剧情发展，灯光可逐渐变得昏暗，在六月飞雪时，用白色的灯光片模拟雪花飘落的光影效果，增强场景的奇幻感和悲剧氛围，让观众更加深刻地感受到窦娥的冤屈及社会的黑暗，从而强化剧本的主题。

六、考虑观众接受度

最后，在编写课本剧时，要充分考虑观众的接受度。观众主要是学生，他们的年龄特点、认知水平、兴趣爱好等都会影响其对剧本的接受程度。编写课本剧时，可以根据学生的年龄特点和认知水平，适当调整语言风格。例如，对于低年级学生，可以使用更加生动、形象的语言；对于高年级学生，则可以适当加入一些文学性的表达。因此，在编写课本剧的过程中，要尽量做到语言通俗易懂、生动有趣，以吸引观众的注意力并引起他们的共鸣。

下面以《边城》为例，看看如何在编写课本剧时考虑高中生的接受度。

（一）语言风格调整

《边城》原著语言优美，富有诗意，编写课本剧时，在保留这种文学性的同时，要让语言更适合舞台表演和高中生理解。例如，翠翠与爷爷的对话，原著中“爷爷，你说唱歌，我昨天就在梦里听到一种顶好听的歌声，又软又缠绵，我像跟了这声音各处飞，飞到对溪悬崖半腰，摘了一大把虎耳草，得到了虎耳草，我可不知道把这个东西交给谁去了。我睡得真好，梦得真有趣”改编成舞台对白时，可以稍做调整，让语言更口语化一些，同时注意保留诗意，如“爷爷呀，我昨天做梦，听到可好听的歌声啦，软软绵绵的，我就像跟着那声音到处飞，飞到对面悬崖半腰，摘了一大把虎耳草。可摘到了，我都不知道该把这草给谁呢。我睡得可香，这梦做得太有意思啦”。这样既保留了原著的文学韵味，又便于高中生理解和演员表演，符合他们的认知水平。

（二）情节处理与趣味性增强

高中生对情感故事有较浓厚的兴趣，在编写课本剧时，可以适当突出翠翠与傩送之间含蓄而纯真的爱情线索。比如，增加一些细节，如傩送在溪边偶遇翠翠，他故意把船划得靠近翠翠，笑着逗她：“翠翠，今天又来溪边啦，是不是在等你爷爷啊？”翠翠红着脸，低下头，小声回："才不是呢，我就是随便看看。"傩送拿起身边的一个小竹篓，里面装着刚捉的小鱼，递给翠翠说："这鱼可新鲜啦，拿回去让爷爷给你煮鱼汤喝。"通过这些互动情节，展现两人青涩的情感，增强趣味性，吸引高中生的注意力，引发他们对纯真爱情的向往。

（三）主题呈现与深化

对于高中生来说，他们已经能够思考一些深层次的主题。《边城》中展现的人性美、人情美及湘西世界的独特魅力，是重要的主题。在课本剧中，可以通过场景布置和人物互动进一步强化这些主题。比如，在端午节赛龙舟的场景中，河面上人们欢声笑语，齐心协力划龙舟，岸边观众呐喊助威。翠翠和爷爷在人群中，爷爷笑着给翠翠讲述着过去的故事，邻里之间相互问候、分享食物。通过这样热闹而温馨的场景，展现湘西淳朴的民风和人与人之间真挚的情感，让高中生更深刻地领会作品的主题，引发他们对美好人性和传统文化的向往与思考。

总之，要注意不同文体的表现形式和特点，努力做到正确理解原作，使改编后的文学形式更充分、更准确地表达原作的主题和主要内容。我们可以将课文改编成生动有趣、富有创意的课本剧，让学生在表演中感受文学的魅力并提升综合素质。

第三章

课本剧排演

课本剧排演是一场充满奇幻色彩的艺术之旅，它以独树一帜的方式，让学生之间的关系变得紧密而多元。在排演课本剧时，他们因角色的契合而亲密无间，又会因戏剧冲突的张力而剑拔弩张，每一次互动都饱含艺术的感染力。

课本剧为平淡的课堂注入蓬勃生机，那是知识与艺术碰撞出的奇妙火花。学生在排演中释放压力，心灵得到滋养，开始用全新的视角，去挖掘生活中被忽视的真、善、美，感受艺术带来的心灵震撼。

课本剧更是一门综合性的舞台艺术，它像一个神奇的万花筒，将悠悠历史、多彩风光、性格各异的人物及跌宕起伏的故事，统统收纳其中。在学生尽情演绎课文经典情节时，中华文化的独特魅力便在他们的举手投足、一颦一笑间自然流淌，经典因艺术的诠释而传承，更因真挚的演绎而触动人心。

第一节　课本剧排演技巧

课本剧排演是一场视听与情感的盛宴，演员需要将台词技巧、肢体技巧、表情技巧等巧妙地融合。演员精准运用台词技巧，或激昂或低吟，一声声扣人心弦，将角色的情感与思想毫无保留地传递给观众；巧妙施展肢体技巧，举手投足间尽显角色神韵，一招一式皆能引发观众的强烈共鸣；灵活把控表情技巧，喜怒哀乐在眉眼间自然流转，让观众仿若身临其境，真切感受角色的心境变化。唯有如此，才能让整个演绎活灵活现，紧紧吸引观众的目光，令其沉浸在剧情的奇妙世界中，久久回味。

一、台词技巧

课本剧排演中的台词处理至关重要，它直接影响到角色的塑造和剧情的呈现效果，以下是课本剧排演中台词处理的一些要点。

（一）语音语速

1. 语音变化

根据角色的情绪和台词的内容，合理运用语音的高低、轻重、快慢来表达不同的意思和情感。

在《雷雨》中，当鲁侍萍亲眼见到周萍打鲁大海时，她带着复杂的情感问：“你是萍，——凭，——凭什么打我的儿子？”前面的“你是萍”语调可以稍微上扬，表现出鲁侍萍看到周萍时那种下意识的惊讶、疑惑及想要确认的心情，而后面的“凭，——凭什么打我的儿子”语调下降且拖长，表现出鲁侍萍从短暂的情感波动中回到现实，转而用一种悲愤、质问的语气来指责。

在《窦娥冤》中，窦娥在刑场上喊出：“地也，你不分好歹何为地？天也，你错勘贤愚枉做天！”这里的一个问句和一个感叹句，语调应该是强烈上扬的，以表达窦娥对天地不公的极度悲愤与控诉，让观众能深切感受到她的冤屈和愤怒。

2. 语速把控

语速能体现角色的性格和当时的情境。性格急躁的角色说话速度可能较快，如《水浒传》中李逵说话时往往语速飞快，以展现其鲁莽、直率的性格；而性格沉稳的角色语速则相对较慢，如诸葛亮在分析局势时语速适中、沉稳有力，给人一种胸有成竹的感觉。

在《鸿门宴》中，樊哙闯帐前言“此迫矣！臣请入，与之同命”时，语速应该较快，表现出樊哙当时急切的心情和忠诚勇敢、鲁莽豪爽的性格特点，他得知刘邦在帐内处境危险，急于进去保护刘邦。

在《林黛玉进贾府》中，林黛玉在回答贾母等众人的问题时，语速通常较慢，如“只刚念了《四书》”等回答，表现出林黛玉初入贾府时那种谨慎、含蓄、沉稳的性格，她处处小心，不敢多言，所以说话不紧不慢，字斟句酌。

3. 重音强调

通过对某些字词施加重音，突出关键信息和情感重点。例如，在“我不是故意的”这句话中，将重音放在“不是”上，就能强调自己的无辜；若将重音放在“故意”上，则更强调行为的无意性。

在《孔雀东南飞》中，刘兰芝对焦仲卿说：“君既若见录，不久望君来。君当作磐石，妾当作蒲苇，蒲苇纫如丝，磐石无转移。”将重音放在“磐石”“蒲苇”“无转移”等词上，能够突出刘兰芝对焦仲卿爱情的坚定，强调他们对爱情的承诺和坚守。

（二）节奏停顿

1. 语法停顿

依据句子的语法结构和标点符号来停顿，使台词表意清晰。一般来说，逗号停顿时间较短，句号、问号、叹号停顿时间稍长。比如，“他轻轻地走过去，/打开门，/看到了房间里的一切”，斜线处就是根据语法进行的停顿。

在《烛之武退秦师》中，烛之武劝说秦伯时有这样一段台词："秦、晋围郑，郑既知亡矣。若亡郑而有益于君，敢以烦执事。越国以鄙远，君知其难也，焉用亡郑以陪邻？邻之厚，君之薄也。""秦、晋围郑"后的逗号处，应短暂停顿，稍作换气，同时清晰划分出句子结构，表明郑国面临的局势，接着"郑既知亡矣"为完整一句，停顿稍长，让观众理解郑国已知自身处境。"若亡郑而有益于君"后的逗号处短暂停顿，使得"若……"引导的假设条件表述清晰，"敢以烦执事"结束后停顿稍长，完成一个表意单元。"越国以鄙远"后的逗号处同样短暂停顿，突出动作的方式，"君知其难也"后的逗号处短暂停顿，强调烛之武对秦伯点明此事的困难程度，"焉用亡郑以陪邻"后的问号处停顿稍长，强化疑问语气，引发秦伯思考。"邻之厚"后的逗号处短暂停顿，"君之薄也"后的句号处停顿长一些，突出对比，让观众明白烛之武话语中的利害关系。

2. 逻辑停顿

为突出逻辑关系或强调某些内容而进行停顿。比如，"因为他努力学习，/所以成绩很好"，在"因为"和"所以"之间停顿，能让观众更清楚地理解因果关系。

3. 情感停顿

根据角色的情感需要来安排停顿，以营造氛围、增强感染力。比如，在表达悲伤或犹豫时，适当的停顿可以让观众更好地感受到角色内心的挣扎。

在《项脊轩志》中，"庭有枇杷树，吾妻死之年所手植也，今已亭亭如盖矣”一句中，“吾妻死之年所手植也”后作情感停顿，能让观众感受到作者对亡妻的深切悼念与无尽的怅惘，从而增强情感的感染力。

在《林黛玉进贾府》中，林黛玉初见贾宝玉，贾宝玉问林黛玉：“妹妹可曾读书？”林黛玉道：“不曾读，只上了一年学，些须认得几个字。”贾宝玉又问道：“妹妹尊名是那两个字？”林黛玉便说了名。贾宝玉又问表字，林黛玉道：“无字。”贾宝玉笑道：“我送妹妹一妙字，莫若‘颦颦’二字极妙。”贾探春便问何出。贾宝玉道：“《古今人物通考》上说：‘西方有石名黛，可代画眉之墨。’况这林妹妹眉尖若蹙，用取这两个字，岂不两妙！”林黛玉说“不曾读，只上了一年学，些须认得几个字”的时候，在“只”字后停顿，表现林黛玉初入贾府，寄人篱下，谨慎小心，欲言又止，不想过于显露自己的才学。贾宝玉说“况这林妹妹眉尖若蹙，用取这两个字，岂不两妙”的时候，在“岂”字后停顿，表现出贾宝玉想出“颦颦”二字后，略带得意且急切想得到众人认可的心情，通过停顿将这种情绪渲染出来。

（三）音色语气

1. 音色塑造

根据角色的年龄、性别、身份等特点来调整音色。老人的声音可以低沉、沙哑一些，小孩的声音则要清脆、稚嫩一些；英雄角色的声音通常洪亮、坚定，而反派角色的声音可能会带有一些狡黠或阴森的感觉。

在《廉颇蔺相如列传》中，蔺相如在渑池之会上，面对秦王的刁难，声色俱厉地要求秦王为赵王击缶。作为维护赵国尊严的英雄角色，蔺相如的声音要洪亮且坚定，充满气势，展现出他无畏强权、勇敢机智的形象，让观众感受到他的大义凛然。而廉颇负荆请罪时，可将其音色调整得稍微低沉、诚恳一些，体现这位老将历经波折后反思与愧疚的心理，以符合他此时放下身段、真诚道歉的情境。

在《祝福》中，鲁四老爷作为封建礼教的卫道士，是一个相对年长、地位较高的角色，可以将他的音色处理得低沉、威严一些，略带沙哑，来展现其刻板、迂腐的性格特点，如当他得知祥林嫂再嫁时，斥责她“伤风败俗”，这种音色能更加突出他的封建和古板。

2. 语气表达

语气要符合角色的性格和情境。

在《雷雨》中，周朴园与鲁侍萍相认，开始时故作镇定、冷漠，试图维持自己的身份和体面，“你来干什么”“谁指使你来的”等台词，语气生硬、冰冷，表现出他极力想掩盖过去的事，凸显出他的自私和虚伪。当鲁侍萍提及往事时，周朴园意识到无法再隐瞒，语气转为慌乱、紧张，如“又何必再提呢”，声音微微颤抖，展现出他内心的不安。

在《林黛玉进贾府》中，王熙凤初见林黛玉时，说道：“天下真有这样标致的人物，我今儿才算见了！况且这通身的气派，竟不像老祖宗的外孙女儿，竟是个嫡亲的孙女……”语气热情、夸张，声音上扬，表现出王熙凤的八面玲珑、善于逢迎，同时也突出了她在贾府中的特殊地位，以及说话大胆张扬的性格特点。

（四）台词风格

1. 符合时代背景

如果是历史题材的课本剧，台词要尽量体现那个时代的语言特色和风格。比如，表演《廉颇蔺相如列传》，台词就要带有一些文言文的韵味，像“吾所以为此者，以先国家之急而后私仇也”，这样才能让观众更好地感受到历史的氛围。

在《屈原列传》中，屈原被楚怀王疏远后，表达自己的志向与悲愤时，说道：“举世混浊而我独清，众人皆醉而我独醒，是以见放。”这里运用了“皆”“独”“是以”等虚词，以及对偶的句式，展现出战国时期的文学特色与时代风貌，同时也深刻体现了屈原高洁的品格和不与世俗同流合污的精神。

在《苏武传》中，苏武面对匈奴的劝降，坚定回应：“屈节辱命，虽生，何面目以归汉！”简单的话语，符合汉代简洁明了、直抒胸臆的语言习惯，“何面目”等表达也凸显出当时重视气节的社会风气，让观众能深切体会到苏武坚守民族大义的高尚情怀和那个时代对忠义的崇尚。

2. 契合角色性格

台词风格要与角色的性格相符。活泼开朗的角色，其台词可能比较幽默、风趣，充满活力；而内向深沉的角色，其台词则可能比较含蓄、简洁，富有内涵。

在《边城》中，翠翠纯真善良、活泼可爱，她对爷爷撒娇时说：“爷爷，你还以为大鱼会吃掉我？是别人家说我，我告给你的！你那天只是恨不得让城中的那个爷爷把装酒的葫芦吃掉！你这种人，好记性！”这些台词充满生活气息，俏皮且天真，生动地展现出翠翠青春少女的活泼与灵动。

在《祝福》中，祥林嫂经历了人生的种种不幸，变得木讷、自卑。她在讲述阿毛的遭遇时，只是喃喃地说：“我真傻，真的”，“我单知道下雪的时候野兽在山墺里没有食吃，会到村里来；我不知道春天也会有……”。类似的话重复多次，透露出她内心的痛苦与麻木，完美契合了祥林嫂被命运折磨后的悲惨形象。

（五）台词衔接

1. 呼应与互动

演员之间的台词要相互呼应，形成良好的互动。一方抛出话题，另一方要及时准确地回应，使对话自然流畅。

在《雷雨》中，周朴园与鲁侍萍多年后意外重逢时的对话，极具代表性。

周朴园　（威严，带着审视）你——你贵姓？

鲁侍萍　（平静中藏着复杂情绪）我姓鲁。

周朴园　（不经意地）哦，侍萍，你还在？

鲁侍萍　（微微一顿，语气有些感慨）嗯，这么多年，我还活着。

周朴园　（眼神闪躲，试图掩饰）你，这些年过得怎么样？

鲁侍萍　（苦笑着）哼，还能怎么样？命苦的人，就这么熬着。

对于周朴园提出的每一个问题，鲁侍萍都做出了精准回应，既没有刻意回避，也没有过度表露情绪。两人的对话从最初的试探，逐渐深入到对过去的回忆和对现状的感慨，生动展现出周朴园的虚伪和鲁侍萍的坚韧，让观众深刻感受到命运的无常和人性的复杂。

在《鸿门宴》中，项羽和刘邦在鸿门宴上的对话，也将人物性格和互动体现得淋漓尽致。

项羽　（傲慢，大声说道）沛公，你为何驻军霸上，不迎接我军？

刘邦 （谦卑，恭敬回应）将军误会了，我只是先入关为将军扫除障碍，日夜盼着将军到来，怎敢有二心？

项羽 （略有得意，语气稍缓）那沛公又为何封闭函谷关？

刘邦 （急忙解释）只是为了防备盗贼，并无他意。

项羽强势质问，刘邦小心应对，一来一往间，项羽的刚愎自用和刘邦的隐忍狡诈尽显，将紧张的鸿门宴气氛烘托得更加浓烈，也让观众看到了两人之间微妙的权力博弈。

2. 节奏协调

要注意与对手演员台词的节奏协调，避免出现抢话或拖沓的情况。双方的语速、停顿要相互配合，共同营造出和谐的表演氛围。

在《窦娥冤》中，窦娥临刑前与监斩官的对话节奏恰到好处。

监斩官 （不耐烦，语速稍快）时辰到了，行刑！

窦　娥 （悲愤，语速较慢但有力）大人，我窦娥委实冤枉啊！我有三桩誓愿，若能实现，便能证明我是冤死的。

监斩官 （不屑，语速加快）哼，你这妇人，死到临头还胡言乱语！

窦　娥 （激动，语速加快，情绪高涨）我一愿血溅白练，二愿六月飞雪，三愿大旱三年！大人，若不是冤情深重，怎么会有这样的誓愿！

监斩官的急切和不耐烦与窦娥的悲愤和坚定形成鲜明对比。两人语速的变化，配合窦娥的情感递进，将窦娥的冤屈和对不公命运的控诉展现得极具感染力，让观众也能深切感受到那份沉重的悲愤。

在《茶馆》中，王利发与常四爷在茶馆里的对话充满生活气息和节奏变化。

常四爷 （豪爽，语速适中）王掌柜，还这么忙呢？

王利发 （热情，语速稍快）哟，四爷，您来啦！快请坐，喝点儿什么？

常四爷 （看着茶馆）还是老样子，来碗热茶。这茶馆啊，还是这么热闹。

王利发 （笑着回应）是啊，靠着各位主顾关照，我这小茶馆才能勉强维持。

常四爷性格豪爽，说话时不紧不慢；王利发作为茶馆掌柜，语速稍快，热情又周到。两人的语速和停顿自然流畅，生动展现出老北京茶馆里的生活场景和人物之间的融洽关系，让观众仿佛置身于那个时代的茶馆之中。

二、肢体技巧

课本剧排演中的肢体技巧对于塑造角色、推动剧情发展和吸引观众起着关键作用，以下是这些技巧的具体内容。

（一）基础姿态

保持良好的身体姿态是肢体表演的基础。站立时，双脚平稳着地，间距与肩同宽或略窄，收腹挺胸，展现出自信与精神饱满的状态；坐姿要端正，背部挺直，避免瘫坐或弯腰驼背，不同角色的坐姿可略有差异，如有贵族身份的角色坐姿优雅端庄，性格活泼的角色坐姿可稍显随意。行走时，步伐要稳健且有节奏，根据角色特点调整步幅和速度，如老年人步履缓慢、蹒跚，年轻人步履轻快、有力。

1. 站姿

在“鸿门宴”这场戏中，为了展现忠勇无畏的形象，樊哙闯帐后，站立时双脚应稳稳着地，间距与肩同宽，如同扎根大地的苍松，展现出强大的气场。他收腹挺胸，怒目圆睁，直视项羽，浑身散发着勇猛的气势，仿佛在向项羽宣告刘邦阵营的坚定立场。

在《屈原列传》中，屈原被放逐后，独自在江畔徘徊，此时他的站姿应是脊背挺直，双脚微微分开，尽管身形略显孤寂，但仍不失文人的傲骨与高洁。他抬头望向远方，眼神中满是对楚国命运的忧虑与无奈。这样的站姿可以生动地诠释屈原虽遭放逐但依然心系家国的高尚情怀。

2. 坐姿

在《林黛玉进贾府》中，林黛玉初入贾府，在拜见贾母等众人后，她的坐姿十分讲究：背部挺直，轻轻坐在椅子前端，双手交叠放在膝上，尽显优雅端庄。这种坐姿体现出林黛玉寄人篱下时的谨慎与小心，同时也展现了她作为大家闺秀的良好教养。

在《茶馆》中，常四爷性格豪爽，在茶馆中与他人交谈时，他的坐姿相对随意一些，虽然也是挺直腰背，但双腿会微微分开，一只手搭在扶手上，另一只手随意地放在腿上，透露出一种洒脱不羁的气质，符合他正直、敢作敢为的性格。

3. 走姿

在《祝福》中，祥林嫂在经历了丧夫、丧子等一系列打击后，整个人变得木讷、迟钝。她在鲁镇街头行走时，步伐缓慢、沉重，每一步都仿佛拖着千斤重担，身体微微前倾，眼神空洞，毫无生气。这样的走姿可以将祥林嫂的悲惨命运和内心的痛苦展现得淋漓尽致。

在《孔雀东南飞》中，刘兰芝被遣返回家时，她虽满心委屈与不甘，但仍要保持自己的尊严。她行走时步伐稳健，步幅适中，身姿挺拔，尽管眼中含泪，但依然坚定地向前走，展现出刘兰芝的坚强与自尊，也凸显出她对封建礼教的无声反抗。

（二）动作幅度

根据舞台大小和表演情境，合理控制动作幅度。在大型舞台上，为了让后排观众也能清晰地看到表演，动作幅度可适当夸张，如在表现角色的愤怒时，大幅度地挥手、跺脚，增强情绪的感染力；而在小型舞台或近距离表演时，动作要更加细腻自然，如在表现角色之间的亲密交谈时，微微侧身、轻声低语，用小动作传递情感。

1. 大型舞台动作幅度示例

《窦娥冤》：在大型舞台上呈现窦娥临刑前的场景时，为了让全场观众都能深切感受到窦娥的冤屈与愤怒，演员的动作幅度会较大。当窦娥发出“地也，你不分好歹何为地？天也，你错勘贤愚枉做天”的控诉时，演员可以大幅度地挥手，手臂用力向上扬起，仿佛要将心中的愤懑都抛向天地；同时，配合愤怒的情绪，用力地跺脚，每一记跺脚都像是对这不公命运的强烈反抗。这种大幅度的动作能够将窦娥的悲愤情绪最大化地传递给观众，增强表演的感染力。

《雷雨》：在大型舞台上呈现周朴园与鲁侍萍发生激烈冲突的场景时，演员可以通过大幅度的动作展现人物内心的矛盾与挣扎。比如，周朴园在得知鲁侍萍就是当年的侍萍后，情绪激动，为了强调自己的权威和掩饰内心的慌乱，他可能会突然站起身来，大幅度地将手中的文件摔在桌子上，伴随着强有力的甩臂动作，让观众感受到他的内心波动及想要掌控局面的急切心理。

2. 小型舞台或近距离表演动作幅度示例

《边城》：在小型舞台上呈现翠翠与傩送初次见面交谈的场景时，需要细腻自然的动作。翠翠因为羞涩，微微侧身，脸颊微红，轻声低语。她可能只是用手指轻轻摆弄着衣角，偶尔抬头偷偷看一眼傩送，眼神中流露出少女的懵懂与羞涩。这种小幅度的动作很好地诠释了翠翠的纯真与对爱情的向往，符合小型舞台表演的特点，让观众能感受到角色微妙的情感变化。

《林黛玉进贾府》：林黛玉与贾宝玉初见时，近距离表演更能体现两人之间微妙的情感。当贾宝玉给林黛玉送“颦颦”二字时，两人面对面轻声交谈。林黛玉微微低头，用手帕轻轻掩着嘴，嘴角带着一抹浅笑，偶尔瞥一眼贾宝玉。这些细腻的动作生动地展现出林黛玉初入贾府时的谨慎、娇羞及对贾宝玉的好奇与好感，使观众能够真切地感受到角色内心的情感波动。

（三）动作的准确性与节奏感

动作要与台词和剧情紧密配合，做到准确无误。同时，动作要有节奏感，避免过于急促或拖沓。在紧张的情节中，动作节奏加快，营造出紧迫感；在抒情的场景里，动作节奏放缓，展现出舒缓的氛围。

在《廉颇蔺相如列传》中，在渑池之会上，当秦王拒绝为赵王击缶时，蔺相如说道：“五步之内，相如请得以颈血溅大王矣！”他一边大声疾呼，一边快速且坚定地向前跨出几步，逼近秦王，这几步动作应果断有力，与台词紧密配合，清晰展现出蔺相如无畏强权、舍生护主的果敢，让观众能深切感受到他视死如归的决心及当时剑拔弩张的紧张气氛。

在《孔雀东南飞》中，焦仲卿得知刘兰芝被遣返回家后，匆匆赶去相见。他急切地拉住刘兰芝的手，说道："誓不相隔卿，且暂还家去；吾今且赴府，不久当还归，誓天不相负！"焦仲卿拉刘兰芝手的这个动作应迅速而有力，充满不舍与焦急，和他急切的誓言配合，精准地传达出焦仲卿对刘兰芝的深情及对未来的无奈与坚定，让观众直观感受到这对夫妻之间的深厚情感和面临的困境。

在《林教头风雪山神庙》中，林冲在山神庙听到陆谦等人的阴谋后，怒火中烧。他大喝一声："泼贼！我自来又和你无甚么冤仇，你如何这等害我！正是'杀人可恕，情理难容'！"与此同时，他迅速打开庙门，手持花枪，动作迅猛地刺向陆谦等人，双脚快速移动，身形矫健，一连串的动作紧凑而迅速，与他饱含愤怒的台词相得益彰，瞬间营造出紧张激烈的打斗氛围，让观众感受到林冲被逼到绝境后爆发的强大力量和满腔怒火。

（四）肢体语言的表现力

可通过肢体语言展现角色的性格、情感和状态。性格活泼开朗的角色，动作丰富多变，可能经常蹦蹦跳跳、手舞足蹈；性格内向沉稳的角色，动作则相对简洁、内敛，更多地通过细微的动作变化来表达情绪。在表现悲伤时，可能会低头弯腰、身体微微颤抖；在表现兴奋时，可能会张开双臂、身体前倾。

在《祝福》中，祥林嫂在鲁镇的街头，动作迟缓而机械，走路时只是一步一步缓慢地挪动，眼神空洞，几乎没有多余的动作。她向人讲述阿毛的故事时，也只是微微低着头，双手不自觉地揪着衣角，偶尔微微颤抖一下。这些细微而又内敛的动作，生动地表现出她内心的痛苦与绝望，以及性格上的内向和麻木。

在《孔雀东南飞》中，刘兰芝被遣返回家时，心中充满了悲伤与不舍。她在与焦仲卿告别时，低头弯腰，双手紧紧地抓住焦仲卿的手，身体微微颤抖，声音哽咽地说道："君当作磐石，妾当作蒲苇，蒲苇纫如丝，磐石无转移。"她紧握的双手和微微颤抖的身体，将她的悲伤和对爱人的不舍之情展现得淋漓尽致。

（五）肢体互动

在群戏中，演员之间的肢体互动非常重要。角色之间的交流不仅通过台词，还通过肢体语言来体现。比如，在争吵的场景中，双方可能会身体前倾、互相逼近，用肢体动作强化冲突；在友好交谈的场景中，一方可能会轻轻触碰另一方的手臂或肩膀，以表现出亲密的关系。

在《鸿门宴》中，项羽的谋士范增极力主张在鸿门宴上除掉刘邦，他多次给项羽使眼色，又"举所佩玉玦以示之者三"。他身体前倾，眼神急切而犀利，向项羽强烈暗示，但项羽"默然不应"，表现出犹豫与迟疑。当"项庄舞剑，意在沛公"时，项伯起身，"亦拔剑起舞，常以身翼蔽沛公"。他紧紧贴近刘邦，张开双臂，像翅膀一样护住刘邦。双方肢体上的对抗和冲突一触即发，使得宴会上的紧张氛围达到顶点，让观众真切感受到楚汉两大阵营的剑拔弩张。

在《雷雨》中，周朴园与鲁大海在周公馆对峙时，矛盾冲突激烈。周朴园盛气凌人，双手叉腰，身体前倾，居高临下地指责鲁大海——"你现在没有资格跟我说话——矿上已经把你开除了"，凭借肢体上的压迫感展现出他作为资本家的傲慢与威严。鲁大海则毫不畏惧，向前跨出一步，手指着周朴园，怒目圆睁，大声斥责他的罪恶行径。双方身体的逼近和强硬的肢体动作，将父子之间的阶级矛盾与情感冲突演绎得震撼人心。

在《林黛玉进贾府》中，林黛玉初入贾府，与姐妹们初次见面，贾探春亲切地拉着林黛玉的手，轻轻抚摸着她的手臂，笑着说："妹妹可算来了，以后咱们就有伴儿了。"这个轻轻触碰的动作，展现出贾府姐妹之间的友好与热情，也让林黛玉感受到了一丝温暖，缓解了她初来乍到的紧张与拘谨，同时也体现了贾府中人际关系的微妙与复杂。

在《窦娥冤》中，蔡婆与窦娥相依为命，感情深厚。当窦娥被冤枉即将被押赴刑场时，蔡婆一只手紧紧拉住窦娥的手，另一只手抚摸着窦娥的脸，老泪纵横地说："窦娥啊，我的儿，怎么就遭了这样的冤屈啊。"这个亲密的肢体动作将蔡婆对窦娥的心疼与不舍之情展现得淋漓尽致，也让观众深刻感受到她们之间的深厚情谊，以及窦娥命运的悲惨。

（六）与道具的配合

道具是肢体表演的重要辅助，演员要熟练、自然地使用道具，让道具成为肢体语言的延伸。用茶杯喝茶时，拿茶杯的姿势、喝茶的动作要符合生活常理，并且能体现角色的身份和性格。例如，贵族喝茶时动作优雅、缓慢，而性格豪爽的人可能会大口喝茶。

比如，林黛玉初入贾府，在拜见众人后，丫鬟奉茶。她接过茶杯时，手指轻轻搭在杯身上，姿态优雅，微微欠身向丫鬟表示感谢。喝茶时，她先轻轻吹散热气，动作轻柔缓慢，随后轻抿一口，目光低垂，尽显大家闺秀的温婉与矜持。这样的动作既符合喝茶的生活常理，又体现出林黛玉在寄人篱下的环境中时刻保持着谨慎、端庄的姿态，举手投足间展现出贵族小姐的风范。

而鲁智深在酒店与众人喝酒时，店小二端上大碗酒。他一把抓起酒碗，手臂高高扬起，仰起头，大口大口地灌酒，喉咙上下滚动，酒水顺着嘴角溢出些许，他也毫不在意，喝完后还重重地将酒碗砸在桌上，大喊一声“痛快”。这一系列动作一气呵成，用大碗喝酒、砸碗等动作通过与道具的互动，将鲁智深豪爽、不拘小节的性格特点展现得淋漓尽致，与林黛玉喝茶时的温婉形成鲜明对比。

孔乙己到咸亨酒店喝酒，他从破旧的长衫口袋里“排出九文大钱”，要了两碗酒和一碟茴香豆。他拿酒碗时，动作略显迟缓，端起碗慢慢喝着酒，眼神中透着一丝落寞。吃茴香豆时，他会用手指一颗一颗地夹起，放入口中细细咀嚼，当有孩子围过来时，他又会慌张地用手护住碟子，嘴里念叨着“不多了，我已经不多了”。这些与钱、酒碗、茴香豆的互动，生动地展现了孔乙己作为一个落魄文人，既放不下读书人的架子，又穷困潦倒的形象。

（七）舞台走位

合理的舞台走位能增强表演的层次感和观赏性。演员要根据剧情发展和角色关系，在舞台上有序地移动，避免出现扎堆或遮挡的情况。在表现角色的追逐时，通过走位展现出追逐的路线和紧张感；在表现会议场景时，根据角色的地位和发言顺序，合理安排站位和走动，使舞台画面更加生动。

在《鸿门宴》“项庄舞剑，意在沛公”的场景中，项庄在宴席上拔剑起舞，目标是刺杀刘邦。他一开始从舞台一侧缓缓走向宴会中心，脚步轻盈却暗藏杀机，眼神紧紧锁定刘邦，手中的剑随着步伐有节奏地挥动，营造出一种压迫感。

刘邦察觉到危险后，迅速起身，往舞台后方移动，试图远离项庄。他的走位于慌乱中带着警惕，不断变换方向，时而左躲，时而右闪，还不时看向一旁的张良，寻求支援。

樊哙得知情况后，如同一头愤怒的公牛，从舞台入口处大步冲进帐内。他直直地朝着项庄的方向奔跑，脚步沉稳有力，身上的披风随着奔跑的动作肆意飘动。在接近项庄时，他张开双臂，用身体护住刘邦，与项庄对峙。

三人在舞台上形成了一个动态的三角关系，通过不断变换位置和方向，展现出追逐与躲避的紧张氛围，让观众充分感受到了鸿门宴上的生死危机。

在《烛之武退秦师》"烛之武游说秦伯"的场景中，舞台场景设置成秦国营帐，秦伯坐在主位，两侧分别站着几位秦国将领。烛之武站在营帐中央，与秦伯相对。

烛之武开始游说时，站立在中央位置，身体微微前倾，表现出对秦伯的尊重。他说话时，眼神依次扫过秦伯和秦国将领，用目光与他们交流，以增强说服力。

当秦伯提出疑问时，烛之武微微侧身，面向秦伯，用手势辅助自己的阐述，向秦伯走近一步，进一步强调重点。秦国将领们则根据各自的反应，或微微皱眉，或交头接耳，在原位小范围移动身体，展现出对烛之武言论的思考与讨论。

随着烛之武的言辞逐渐打动秦伯，秦伯站起身来，缓缓走向烛之武，表现出对他的观点的重视。烛之武见状，后退一步，再次微微欠身，保持恭敬的姿态，继续陈述利害关系。

在整个会议场景中，角色们根据地位和发言顺序，合理地站位和走动，使舞台画面生动且富有层次，让观众清晰地感受到人物之间的关系和气氛的变化。

三、表情技巧

表情是传递角色情绪的重要工具。不同的表情能够直接反映出角色的不同性格特点。角色之间的表情互动可以引发矛盾和冲突，推动剧情发展。演员通过真实而丰富的表情将角色的情绪传递给观众，能够引起观众的情感共鸣。当演员表现出悲伤的情绪时，观众可能会因被感染而感到难过；当演员展现出喜悦的心情时，观众也会感到开心。

（一）喜

嘴角上扬，露出笑容，眼睛明亮有神，可能会伴有眉毛上挑等动作，让整个面部呈现出欢快、愉悦的状态。

在《范进中举》中，范进得知自己中举后，先是瞪大双眼，不敢相信，随后嘴角慢慢咧开，露出狂喜的笑容，眼睛里闪烁着兴奋和激动的光芒，眉毛高高扬起，脸部肌肉因喜悦而微微颤抖。这样的表情将范进中举后喜极而疯的状态生动地展现了出来。

（二）怒

眉头紧皱，眼睛瞪大，眼神凶狠或愤怒，牙关紧咬，嘴唇可能会微微颤抖或紧闭，有时还会伴有鼻孔张大等动作。

在《廉颇蔺相如列传》中，廉颇得知蔺相如的官位在自己之上后，十分愤怒。表演时，演员可以眉头深锁，眼睛圆睁，目光中透露出不满和怨恨，牙关紧咬，嘴唇紧紧抿成一条线，脸上的肌肉紧绷，表现出廉颇内心的愤怒和不甘，凸显出他直率、鲁莽的性格特点。

（三）哀

眉头微微皱起，眼睛黯淡无光，可能会有泪光闪烁，嘴角向下耷拉，面部肌肉松弛，表现出愁苦、悲伤的神情。

在《孔雀东南飞》中，刘兰芝被遣返回家，与焦仲卿分别时，眉头轻皱，眼中满是不舍和悲伤，眼泪在眼眶里打转，嘴角微微向下撇，努力不让眼泪掉下来。这样的表情将刘兰芝内心的痛苦和无奈淋漓尽致地展现出来，让观众能深切感受到她的哀伤。

（四）惧

眼睛睁得很大，眼神惊恐，眉毛向上扬起，嘴巴微微张开，脸色可能会变得苍白，有时还会伴有身体的微微颤抖。

在《窦娥冤》中，窦娥被押赴刑场，面对死亡时，她眼睛瞪得极大，眼神中充满了惊恐和无助，眉毛高高扬起，嘴唇因害怕而微微颤抖，脸色煞白。这样的表情表现出窦娥对死亡的恐惧及对命运的无奈，使观众能更好地感受到她的悲惨遭遇。

（五）惊

瞬间瞪大眼睛，眉毛迅速上扬，嘴巴不自觉地张开，脸上呈现出一种惊讶、意外的神情。

在《林黛玉进贾府》中，林黛玉初见王熙凤时，“未见其人，先闻其声”，她先是微微一怔，随后眼睛睁大，眉毛上扬，嘴巴微微张开，露出惊讶的表情，表现出她对王熙凤出场方式的意外和好奇，也体现出林黛玉初入贾府时的那种敏感和谨慎。

（六）疑

眉头轻皱，眼睛微微眯起，露出疑惑、思索的神情，有时会微微歪头，似乎在思考和判断。

在《哈姆莱特》中，哈姆莱特在听到父亲的鬼魂诉说被谋杀的真相时，眉头微皱，眼睛眯起，眼神中充满了怀疑和困惑，微微歪着头，似乎在思考鬼魂所说的话的真实性。这样的表情很好地展现出哈姆莱特复杂的心理状态，也为他后续的复仇行动埋下了伏笔。

（七）其他方面

课本剧排演中的表情技巧，除上面提到的喜、怒、哀、惧、惊、疑等基本情绪的表现以外，还有以下需要注意和掌握的方面。

1. 丰富表情层次

同一情绪不同程度：以“怒”为例，轻微愤怒时，可能只是眉头微皱，眼神中带有一丝不悦；中度愤怒时，会眉头紧皱，眼神变得犀利，嘴唇可能会微微抿起；而极度愤怒时，会脸色涨红，眼睛瞪得很大，甚至可能会有青筋暴起，牙齿紧咬，身体也会因愤怒而微微颤抖。比如，在《雷雨》中，周朴园发现鲁侍萍出现在周公馆时，从一开始的惊讶中带有一丝不悦，到后来确认身份后的愤怒，表情从轻微的愤怒逐渐升级到极度的愤怒。演员可以通过表情层次的变化，展现出周朴园内心情绪的起伏和矛盾的激化。

复合情绪：在很多情况下，角色的情绪并不是单一的，而是多种情绪交织在一起。比如，在《祝福》中，祥林嫂在讲述阿毛被狼吃掉的故事时，脸上既有失去孩子的痛苦和悲伤，又有对自己疏忽的自责和悔恨，还有反复讲述的那种麻木和无奈。演员需要通过表情的细微变化，将这些复杂的情绪一一展现出来，可能是一边流泪，一边眼神空洞地讲述，说到关键处脸上会闪过一丝痛苦的抽搐，表现出复合情绪的复杂性和真实性。

2. 配合肢体动作

整体协调：表情要与肢体动作相呼应，形成一个整体来塑造角色。比如，在表现一个傲慢的角色时，不仅要有不屑的神情、微微上扬的嘴角和轻蔑的眼神，而且身体要保持挺直，走路时步伐缓慢而有节奏，头部微微抬起，以一种居高临下的姿态示人。在《装在套子里的人》中，别里科夫胆小怕事又保守，脸上总是带着惊恐和担忧，同时身体总是缩着，走路小心翼翼，仿佛随时都有可怕的事情要发生。演员可以通过这些表情和肢体动作的配合，将别里科夫的形象塑造得生动具体。

强化效果：利用表情增强肢体动作的表现力，或者用肢体动作辅助表情更好地传递情感。比如，在表现一个人极度兴奋时，除脸上洋溢灿烂的笑容，眼睛放光以外，还可以配合跳跃、挥舞手臂等大幅度的肢体动作，让兴奋的情绪更加浓烈。在《边城》中，翠翠在得知傩送对自己的心意后，脸上有着羞涩的笑容，同时身体微微扭动，双手不自觉地摆弄着衣角。演员可以通过这些表情和肢体动作的配合，生动地展现出翠翠这个少女内心的喜悦和羞涩。

3. 与台词配合

提前铺垫：在说出关键台词之前，通过表情提前传递相应的情感，为台词做铺垫，使观众更容易理解角色的情感和意图。比如，在《烛之武退秦师》中，烛之武在见到秦伯时，先是脸上露出谦卑和诚恳的神情，微微低头，眼神中透露出一丝忧虑，然后才说出“秦、晋围郑，郑既知亡矣”这句台词，让观众能够感受到烛之武的心境和他想要说服秦伯的决心。

同步强调：在念出重要的台词时，用表情来强化台词所表达的情感。比如，当演员念到“蜀道之难，难于上青天”这句台词时，脸上要露出惊叹、感慨的神情，眼睛睁得较大，眉头向上挑起，配合声音的抑扬顿挫，将感慨蜀道之难的情感充分表达出来，让观众能更好地体会到诗歌所表达的意境。

滞后延续：台词说完后，表情不要立刻消失，而是要适当延续一会儿，让情感有一个余韵，给观众留下更深刻的印象。比如，在《雷雨》中，周萍对着繁漪说完“我恨我自己，我恨，我恨我为什么要活着”之后，脸上痛苦、纠结的表情要保持片刻，然后才慢慢低下头，表现出内心的挣扎和无奈，使观众能更深刻地感受到角色之间复杂的情感纠葛。

4. 与其他角色互动

关注对方：在与其他角色交流时，要通过表情表现出对对方的关注和回应。比如，在《鸿门宴》中，刘邦向项羽解释自己不敢有二心时，项羽的表情要从一开始的傲慢和怀疑，随着刘邦的解释逐渐有所变化，可能是微微皱眉，眼神中流露出一丝思考，或者轻轻点头表示听到了。这些表情与刘邦的台词和动作形成互动，展现出刘邦与项羽之间的微妙关系和心理变化。

相互影响：根据其他角色的情绪和行为，及时调整自己的表情，形成情感上的呼应和冲突。比如，在《廉颇蔺相如列传》中，蔺相如在朝堂上与廉颇针锋相对时，表情坚定，眼神毫不退缩，而廉颇则是满脸怒容，两人的表情相互影响，形成一种强烈的冲突感，从而将两人之间的矛盾展现得淋漓尽致，同时推动剧情的发展。

第二节　课本剧排演中教师的角色定位

课本剧排演作为一种独特的教学形式，能极大地提升学生的综合素养。在这一过程中，教师扮演着多重角色，其定位直接影响课本剧排演的成效。下面将从多个角度深入剖析教师在课本剧排演中的角色定位。

一、策划者

教师要根据教学目标和学生的实际情况，选择合适的课本剧素材，并对表演的形式、规模、时间等进行整体策划，以确保课本剧排演的顺利开展。

（一）确定教学目标

（1）分析课程标准：深入研究课程标准，明确课本剧排演与教学目标的契合点。

（2）了解学生需求：通过调查、访谈等方式，了解学生的兴趣、特长和需求，确保教学目标具有针对性和实效性。

（二）选择课本剧素材

（1）筛选课文：从教材中挑选具有教育意义、情节丰富、人物形象鲜明的课文作为课本剧素材。

（2）改编与创作：根据学生的实际情况，对素材进行适当改编，使之更贴近学生生活，并具有时代感。

（三）设计表演形式

（1）分析素材特点：根据课本剧素材的内容、风格、人物关系等，选择合适的表演形式。

（2）创新表演手法：结合现代教育技术，运用多媒体、舞台道具等丰富表演形式。

（四）确定规模和安排时间

（1）确定表演规模：结合班级人数、场地条件等因素，合理确定表演规模。

（2）制定时间表：合理安排排练、彩排、正式演出等时间节点，确保活动有序进行。

（五）指导与协调

（1）分组指导：将学生分成不同的小组，结合各组特点进行有针对性的指导。

（2）资源协调：统筹协调场地、道具、音响等资源，为课本剧排演提供保障。

（六）评价与反馈

排演结束后，对学生的表现进行评价和反馈，以促进教学目标的实现。

二、组织者

从前期的剧本选择、角色分配，到排练场地的安排、排练时间的协调，再到演出所需道具、服装的准备，教师都要精心组织。在分配角色时，教师要综合考虑学生的性格、表演能力和兴趣，让每个学生都能在剧中找到合适的位置。

（一）前期筹备

（1）剧本选择：根据教学目标和学生的实际情况，组织学生选择合适的课文，并对其进行适当的改编，以适应表演的需要。

（2）角色分配：综合考虑学生的性格、表演能力和兴趣，进行角色分配，确保每个学生都能在剧中发挥自己的特长。

（二）资源调配

（1）排练场地安排：提前预订排练场地，确保场地能够满足排练需求，并为排练提供必要的设施。

（2）排练时间协调：协调学生和其他教师的时间，制订合理的排练计划，避免与其他课程或活动冲突。

（3）道具和服装准备：组织学生收集或制作演出所需的道具和服装，确保演出效果。

（三）团队建设

（1）角色匹配：根据学生的特点，将性格活泼、表现力强的学生安排在主角或重要角色上，让内敛细心的学生负责幕后工作或旁白等。

（2）团队协作：鼓励学生之间相互合作，培养其团队精神，确保整个表演团队的和谐与高效。

（四）现场管理

（1）排练指导：在排练过程中提供指导，帮助学生掌握表演技巧，解决排练中遇到的问题。

（2）进度控制：监控排练进度，确保排练按计划进行，及时调整排练计划以应对突发情况。

（3）演出组织：在演出当天组织学生候场、上台，确保演出顺利进行。

（4）安全保障：负责演出期间的安全工作，确保学生的人身安全。

作为课本剧排演的组织者，教师通过以上组织工作，既保障了排演的顺利开展，又为学生提供了一个展示自我、锻炼能力的平台。教师的组织能力、协调能力和管理能力在这个过程中得到了充分发挥，对学生的全面发展起到了积极的推动作用。

三、指导者

在整个排演过程中，教师要不断启发学生思考。例如，在改编剧本时，引导学生思考如何让剧情更紧凑、人物形象更丰满；在塑造角色时，启发学生思考角色的内心世界、行为动机，鼓励学生从不同的角度理解角色，展现独特的表演风格。同时，教师要凭借专业知识和经验，为学生提供全方位的指导。例如，在台词方面，指导学生运用恰当的语调、语速和节奏来表达角色的情感；在动作设计上，帮助学生设计符合角色身份和情境的肢体动作，使其表演更加自然流畅。

（一）剧本改编指导

（1）剧情紧凑：引导学生思考如何通过调整剧本结构、对话内容来使剧情更加紧凑，提高戏剧的张力和吸引力。

（2）人物形象丰满：启发学生探讨如何通过剧本细节来丰富人物形象，使角色更加立体和真实。

（二）角色塑造指导

（1）内心世界：指导学生深入分析角色的心理状态，理解角色的情感变化和动机，从而更好地塑造角色。

（2）表演风格：鼓励学生从不同的角度和风格来理解角色，发展个性化的表演风格，增强角色的独特性。

（三）表演技巧指导

（1）台词表达：在学生练习说台词时，指导他们运用恰当的语调、语速和节奏来表达角色的情感，使台词更具表现力。

（2）肢体动作：帮助学生设计符合角色身份和情境的肢体动作，引导学生通过肢体语言来提升表演的自然度和感染力。

（3）情感传递：指导学生在表演中传递情感，使观众能够感受到角色的情绪变化，增强表演的共鸣性。

（四）排练过程监控

（1）即时反馈：在排练过程中提供即时反馈，指出学生的不足之处，并提出改进建议。

（2）表演调整：根据学生的表现，调整表演细节，引导学生深入理解剧情、人物，以期达到表演效果。

作为课本剧排演的指导者，教师通过以上指导工作，不仅提升了学生的表演水平，还促进了学生的情感发展及思维能力和创造力提升。教师的指导者角色在课本剧排演中至关重要，是确保表演质量和教育效果的关键因素。

四、激励者

教师要时刻关注学生的情绪和状态，及时给予鼓励和支持。当学生在排演过程中遇到困难或挫折时，如记不住台词、动作不协调，教师应以积极的态度给予安慰和指导，帮助他们克服困难、增强自信。

（一）观察与疏导情绪

（1）情绪观察：在排演过程中密切关注学生的情绪变化，及时发现焦虑、沮丧或自我怀疑等不良情绪。

（2）情绪疏导：对于情绪波动较大的学生，及时进行一对一的沟通，了解他们的担忧，并进行情绪疏导。

（二）给予正面反馈

（1）肯定进步：在学生取得进步时，及时给予认可和表扬，可以是记住了新台词，也可以是改进了动作，哪怕是很小的进步，其背后也是学生的努力，这份努力应该被看到并得到认可。

（2）鼓励尝试：鼓励学生尝试新的表演方法，即使失败也不气馁，而是将其视为学习和成长的机会。

（三）提供克服困难的指导

（1）台词记忆：对于记不住台词的学生，可以提供记忆技巧，如分块记忆、联想记忆等，帮助他们克服记忆障碍。

（2）动作协调：对于动作不协调的学生，可以耐心地示范和指导，或者设计一些简单的练习来帮助他们提高身体的协调性。

（四）增强学生自信

（1）角色定位：帮助学生认识到自己在剧中的价值和重要性，无论是主角还是配角，每个角色的贡献都是不可或缺的。

（2）成功体验：通过安排小规模的表演或角色扮演，让学生体验成功的喜悦。

（五）培养面对挫折的积极态度

（1）积极应对：当学生遇到挫折时，以积极的态度引导他们，鼓励他们从挫折中学习，而不是放弃。

（2）团队支持：鼓励团队成员相互支持，共同面对挑战，形成互帮互助的良好氛围。

作为课本剧排演的激励者，教师通过以上激励措施，不仅帮助学生克服了排演过程中遇到的具体困难，还培养了他们面对挑战的积极态度和解决问题的能力。教师的激励者角色对于维护学生的心理健康、促进其全面发展具有重要作用。

五、协调者

课本剧排演会涉及众多学生和复杂事务，教师要协调好学生之间的关系，解决可能出现的矛盾和问题。在道具和服装准备方面，教师要协调各方资源，确保准备工作顺利进行。如果有多个班级参与排演，还要协调好不同班级的排练时间和场地。

（一）学生关系协调

（1）团队建设：通过团队建设活动，增进学生之间的了解和信任，促进团队合作。

（2）冲突调解：当学生之间出现分歧或冲突时，充当调解者，公正地处理问题，引导学生以积极的方式化解矛盾。

（二）资源协调

（1）道具和服装准备：与学校相关部门或家长沟通，确保所需的道具和服装能够及时到位。

（2）预算管理：在有限的预算内，合理分配资源，确保各项准备工作不受资金限制。

（三）时间和场地协调

（1）排练时间安排：制定排练时间表，确保所有参与的学生都能在合适的时间进行排练，同时不影响他们的其他学习活动。

（2）排练场地分配：对于多个班级或小组同时排练的情况，教师需要协调场地使用，避免发生冲突，并确保每个班级或小组都有足够的排练空间。

（四）问题解决

（1）紧急情况应对：排演过程中出现突发情况时，如学生突然生病、道具受损等，教师需要迅速采取措施来解决问题。

（2）沟通桥梁：教师作为协调者，需要与学校管理层、其他教师、学生家长等多方保持沟通，确保信息的畅通和问题的及时解决。

作为课本剧排演的协调者，教师通过以上协调工作，确保了排演准备和实施过程的顺利进行。教师的协调者角色不仅体现了其组织和管理能力，也展现了其处理人际关系和解决问题的能力，为课本剧表演的成功提供了重要保障。

六、评价者

教师要对学生的表现进行客观、全面的评价，既要肯定学生的优点和进步，如出色的角色诠释、精彩的团队合作，也要指出学生存在的不足和问题，并提出改进建议。

（一）观察与记录

（1）表演细节：关注学生在排演中的台词表达、肢体语言、情感传递等细节。

（2）团队合作：观察学生在团队中的表现，包括合作态度、沟通能力和解决问题的能力。

（二）客观评价

（1）肯定优点：对学生在排演中的亮点进行认可，如对角色的理解深刻、舞台表现力强、团队合作默契等。

（2）指出不足：客观指出学生在排演中存在的问题，如台词记忆不准确、动作不够自然、情感表达不到位等。

（三）反馈与建议

（1）个别反馈：针对每个学生的表现提供个性化的反馈，帮助他们了解自己的长处和需要改进的地方。

（2）集体反馈：针对整个团队的表现提供集体反馈，强调团队合作的重要性，并提出改进建议。

（四）鼓励与发展指导

（1）正向激励：通过正面的话语和态度激励学生，让他们感受到自己的努力被认可并增强自信。

（2）发展指导：根据学生的表现提供发展指导，帮助他们设定新的目标，鼓励他们在未来的学习和表演中继续进步。

作为课本剧排演的评价者，教师通过以上评价工作，不仅总结了排演的经验教训，还为学生的后续发展提供了方向。教师的评价者角色有助于学生认识到自己的潜力和需要改进的地方，对于促进学生的自我反思和持续成长具有重要意义。

第三节　课本剧排演实践案例分析

在教育教学中，课本剧排演作为一种独特的教学形式，能有效提升学生的综合素质。下面以课本剧《鸿门宴》的排演为例，进行深入的实践案例分析。

一、案例背景

《鸿门宴》是一篇经典的文言文，记叙了项羽与刘邦两大军事集团之间错综复杂的斗争，为我们塑造了许多生动而又经典的历史人物。

通过学习这篇课文，学生能够了解丰富的历史知识，感受司马迁笔下生动的人物形象和紧张的故事情节。按理来说，这篇课文应当受到学生的青睐，然而事实上，在以往《鸿门宴》的教学中，学生经常兴趣不足。基于此，教师选择了课本剧这种较为新颖的教学形式，开展了课本剧《鸿门宴》的排演活动。在文言文教学中，特别是像《鸿门宴》这种叙事性强、情节曲折、人物形象鲜明的课文，可以使用课本剧这种教学辅助形式。此次活动旨在让学生亲身体验历史场景，通过角色扮演深入揣摩人物的性格、心理和情感。从剧本筹备、台词设计到角色演绎，学生在这个过程中不仅能加深对课文的理解，还能锻炼团队合作、语言表达和表演能力，增强对传统文化的热爱。

二、准备过程

教师提前一个月把任务布置给两个班的学生，要求学生提前阅读课文，利用书籍和网络资源对课文进行相关学习，了解“鸿门宴”的故事背景，对故事情节有初步把握，对人物性格有所熟悉，为之后开展课本剧排演活动打下坚实基础。

根据学生的意愿，把学生分成3—6个小组，每个小组可选择宴前、宴中、宴后三个不同的情节进行排演。之后，在每个小组中挑选出相关人员，担任导演、编剧、演员、剧务、道具师等职务。其中，导演负责统筹组内的角色分配和排练工作等，可以根据学生的意愿来分配角色。如果出现演出人员数量少于角色数量的情况，导演可以根据实际情况和课文情节，适当增加角色。剧中除项羽、刘邦、项庄、张良、樊哙、范增等主要人物以外，还有若干侍卫、侍女等，对于这些出场次数较少的次要角色，导演可以根据需求进行调整，尽量使组内人员都能参与其中。

选定演出情节后，在深入阅读课文的基础上，各小组成员进行热烈讨论，充分发表自己的看法，协助组内的编剧完成剧本的创编。

学生利用课余时间进行排练。要想获得良好的演出效果，除演员的精彩演绎以外，也离不开服装、道具、音乐的密切配合。负责道具和服装的学生要精心准备演出所需的各种道具和服装，如帽子、酒杯等；同时，也要挑选一些符合演出情景的音乐，营造演出氛围。此外，擅长化妆、摄影的学生要充分发挥自己的特长，积极参与课本剧的排演工作，为取得良好的演出效果做准备。

在正式演出之前，教师可以安排学生进行预演，熟悉演出场地和流程，缓解紧张情绪，增强表演信心。演出可以采取分组竞演的形式，在演出开始之前，每个小组派一个代表进行抽签，决定演出顺序。

三、展演方案

通过举办课本剧《鸿门宴》展演活动充分发挥学生的表演能力，为学生展示个人风采提供舞台。

（一）参赛形式和时间

学生以班级为单位参加比赛，选定节目并上报到语文老师处；确定具体准备时间，各班自行排练、准备道具和服装；具体表演时间提前 2 天通知。最后选出 2 个节目参加学校艺术节课本剧的表演。

（二）比赛办法和要求

以课文为主，既忠实于原文，又可在原文的基础上有所创新，改编的时候注意保留原意，不能改得面目全非。表演的节目必须是从语文课本中取材改编的课本剧，每个节目的表演时间最长不能超过 10 分钟，演员人数不限。

（三）展演节目基本要求

（1）节目内容健康向上，富有思想性。

（2）形式活泼，主题突出，艺术性强。

（3）服装契合角色身份，动作大方，整体效果好。

（4）班级重视，组织有序，参与面广。

（四）展演评分标准

（1）基础分：达到展演节目基本要求。（4 分）

（2）主题突出，思想性强，形式新颖，内容健康向上，台风潇洒，富有艺术感染力。（2 分）

（3）服装整洁美观，表情自然大方，吐字清晰，语言流畅，动作协调，整体效果好。（2 分）

（4）选取的背景音乐与节目内容的整体搭配较好。（2 分）

（5）节目表演时间太短或太长应酌情扣分。

（五）计分评奖办法

（1）满分为 10 分，小数点后计一位。

（2）评委若干，各评委所给分数的平均数为最后得分。

（3）表演采取抽签排序。

（六）评委

由语文组、音乐组、美术组教师和班级推选出来的评审组学生担任。

（七）主持

由擅长播音主持的学生担任。

（八）奖励办法

集体奖项：一等奖 1 个，二等奖 2 个，三等奖 3 个。

个人奖项：每个班级评选出最佳演员 10 名，最佳导演、最佳编剧、最佳舞美各 2 名。

各奖项奖品：证书、名著等。

四、表演情况

1 班表现：1 班同学用 70 分钟完整呈现了宴前、宴中、宴后场景，表演还原历史。智与勇，忠与谋，明争暗斗，剑拔弩张，将鸿门宴中的人物演绎得活灵活现。闯帐的樊哙，击碎的玉斗——紧张激烈的情节冲突带领学生穿越时空，走进了一场精心打造的文化盛宴，获得了身临其境的沉浸式体验。但也存在不足，一些演员只演自己的，没有置身情境，与其他演员缺少互动。

2 班表现：2 班同学用 50 分钟完成表演，对剧本进行了大幅删减，导致节奏过快，人物动机和逻辑显得跳跃。不过个别演员演技出色，生动展现了樊哙的忠勇和范增的盛怒。

五、演出评价

举办课本剧演出活动不仅仅是为了表演，更重要的是取长补短，帮助学生不断成长与进步。因此，教师可以组织班级学生成立评审组，从不同的角度对学生的表演进行深入而具体的评价，考察各个小组的文本理解力、团队合作度及整个演出效果，如剧本改编的合理性、剧中主要人物的塑造、音乐的选择、道具的使用等。

评审组在进行评价的时候，要做到有效评价，在指出学生的创新和成功之处的同时，也要为学生今后努力的方向提供建议，尽量以鼓励为主，不要给太低的分数，以免打击学生参与课本剧活动及学习文言文的积极性，促进语文教学良性循环发展。在评审组评分之后，教师进行总结评价，提出更加深入的问题，帮助学生实现语文水平的不断提高。最后评出最佳集体奖、最佳改编奖、最佳演出奖、最佳舞台奖等，给予学生适当的奖励，让学生付出努力后获得成功的喜悦，增强学生学好语文的信心。

六、评议交流

演出结束后，演员可以分享自己在表演过程中的技巧运用、情感表达和遇到的困难。观众则可以评价表演的优缺点，如台词的清晰度、表情的自然度、动作的协调性等，帮助演员更好地理解如何通过表演来塑造角色和传递情感，提高表演水平。通过对课本剧的评议交流，学生能够更加深入地理解文学作品的内涵、语言风格、表现手法等，提高文学素养和审美水平，为今后的文学学习和创作打下坚实的基础。评议交流活动本身具有一定的趣味性和挑战性，能够激发学生的学习兴趣和参与热情。学生可以在轻松愉快的氛围中学习和交流，感受到学习的乐趣和成就感，从而提高学习语文的积极性和主动性。

七、案例总结

鸿门宴事件离学生很遥远，他们未曾亲身经历那场风云变幻、危机四伏的宴会，也就无从体会那些紧张刺激、智慧与计谋交锋的精彩场面。而课本剧这种形式，能够帮助学生找到一个切口，走进远古的那场宴会，拉近学生与剧中人物的距离，使学生真正融入故事中去体会项羽、刘邦的命运走向。

这次课本剧排演活动呈现出的优点和不足如下：

优点：两个班的学生都严肃认真地对待课本剧排演活动，既直观领略了戏剧的魅力，也培养了团队协作精神和沟通技巧，增强了班级凝聚力，达到了预期教学目标。

不足：两个班都存在忘词的问题，甚至有的小组自降难度，不顾情节的合理性而删减台词。同时，教师在此次活动中也存在一些问题：一是要求不够严格准确，预想不全面；二是对学生排练关注太少，完全放手给学生，导致一个班出现删减台词问题。教师在主角选择、剧本编写、排练演出等重要环节，应给予学生建议和指导。

从上述实践案例可以看出，课本剧排演是一种有效的教学形式，但在实施过程中，教师须精心策划和引导，学生应认真对待，这样才能充分发挥课本剧排演在教学中的作用，提升学生的综合素质。未来，在组织课本剧排演时，教师可以提前制定更详细的规则和要求，加强对学生排练过程的监督和指导，确保表演质量，让课本剧排演更好地服务于教学。

第四章

高中语文课本剧剧本赏评

第一节 学生优秀剧本赏析

课本剧1

《鸿门宴》（宴中）

李炫洁

时　　间　公元前206年

地　　点　秦朝都城咸阳郊外的鸿门

主要人物　项羽、刘邦、范增、张良、项庄、樊哙、项伯

鸿门宴上，刘邦迈入帐内，其余人已入座。

刘邦　（恭敬地向项羽行礼，泪眼婆娑）恕臣有罪，臣与将军合力攻打秦国，将军在河北作战，臣在河南作战……（揩眼泪）可是谁承想，臣先入了关，又能在此见到将军……哎呀，定是有小人作怪，生出些谣言来，倒让将军与臣有了隔阂……

项羽　（满脸疑惑，直愣愣地看着刘邦）这是你的左司马曹无伤

告诉我的，要不然我怎么会生气？罢了，你先入座吧。（摆摆手）

刘邦飞快地扫了一眼宴会的座次，项羽、项伯朝东坐，亚父范增朝南坐，于是刘邦朝北就座，张良朝西陪侍。项羽举起一杯酒一饮而尽，刘邦又赶忙端起一杯酒以敬项羽，充满杀意的紧张气氛被生硬扭转。

众人　哈哈哈，喝酒！喝酒！

范增　（眉头紧锁，将酒杯重重地放在案上）哼！

刘邦和项羽同时闻声望向范增，项羽动作一顿，若有所思。

刘邦　（赶忙道）今日这宴会属实让臣大开眼界，此酒不愧是将军您的酒啊！入口辛辣，入喉清甜，回味起来仍是浓烈的醇香！正如将军您一样骁勇英明、内涵深厚啊！（讨好地笑）

项羽　哦，是吗？

二人推杯换盏，你来我往。范增多次举起玉玦，项羽视而不见。范增几次示意未果，咬牙切齿，起身离座，来到帐外。范增示意项庄过来。

范增　项羽作为君王，待人太仁慈……你现在进去向他们敬酒，敬完酒，请求舞剑，并于舞剑之时趁机将沛公杀死在座位上，否则，我们都要被他俘虏啊！

项庄点点头，进帐。

项庄　（敬酒）今天大王跟沛公饮酒，军营里也没什么能用来娱乐的，请让我舞剑为大家助助兴吧！

项羽点头同意，项庄拔剑起舞，项伯此时也拔剑起舞，甚至明里暗里保护着刘邦，像鸟张开翅膀一样三番五次为刘邦挡下致命一击。张良也着急了，起身到军营门口寻找樊哙。

樊哙 （急忙上前询问）怎么样了？

张良 （急切地）现在的形势太危急了！项庄拔剑起舞，打算杀了沛公啊！

樊哙 别急，让我去会会他们，我要跟沛公同生共死！（说走就走，一手持剑，一手持盾。门口几个阻拦的守卫被撞倒在地，眼看着樊哙闯进了宴会）

守卫 （气喘吁吁追进来）大王，恕属下无能，他……

项羽 （挺直身子）来者何人？（握住剑柄，准备拔剑）

张良 这位是沛公的卫士樊哙。

项羽 居然是个武士！（两眼放光，放下剑）来人，赏这位壮士喝杯酒！

侍从递上来一杯酒，樊哙拜谢后接过酒，将酒一饮而尽。

项羽 赏肉，就那条猪前腿吧！

侍从又将一条生的猪前腿递给樊哙，樊哙把盾放在地上，以盾为盘，拔剑将肉放在盾上切开来吃。

项羽 壮士！还能喝酒吗？

樊哙 （直起身子）（行礼）我死都不怕，一杯酒自然也没什么好推辞的！秦王虎狼心肠，杀人唯恐不能杀尽，惩罚人唯恐不能将酷刑用尽，所以天下人都背叛了他……

项羽 哦，壮士此言何意？

樊哙　（不着急回复）先前将军不是和我家主公有过约定，谁先入咸阳谁称王吗？

项羽　嗯，是有这么个约定……

樊哙　我家主公却觉得您更适合称王，对您一片忠心，一心想为您打拼天下！率先入咸阳却一点儿东西都不敢用，把宫室封闭了，还下令军队退回到霸上，就等着大王到来！此外，特地派遣将领把守函谷关，就是为了保护咸阳城，防止您到来之前出什么变故……这样的忠心，这样的劳苦功高，没有得到大王的赏赐也就罢了，大王您竟听信小人谗言，想杀了有功的忠臣，这简直是要重蹈先秦的覆辙……我以为……大王是不会这样做的呢！

项羽　（沉默片刻）坐吧，你先入座……

樊哙和张良入座，过了一会儿，刘邦起身去上厕所，又把樊哙召了出去。

刘邦　这就走吗？还没告辞呢，该怎么办？

樊哙　做大事不必在意细枝末节，行大礼也不用回避小的责备。现在他们就像菜刀和砧板，我们就像鱼和肉，何必告辞？

刘邦　（长吁一口气）好的，好的，你说得对！哎呀，那我可得走了。子房，还请你帮我向项王他们道歉。

张良　好，大王来时可有带什么东西？

刘邦　有，有，有，当然带了，一对玉璧想献给项王，一双玉斗想献给亚父。但正碰上亚父发怒，不敢亲自献上……你帮我献给他们吧！

张良 （点头）好。

刘邦 （转头叫上四名随从）哎呀，快走，快走，等会儿他们追出来就麻烦了！（几人走小道，悄悄离开了）

张良 （回到宴会上）沛公不胜酒力，无法当面告辞，让我奉上玉璧一对，敬献给大王；玉斗一双，敬献给大将军。

项羽 沛公现在在哪里？

张良 他害怕大王责备他，已经回军营了。

项羽接过玉璧，将其放到座位上。范增接过玉斗，将其丢在地上，用剑砍碎。

范增 （咬牙切齿）这小子真是不值得跟他一起共谋大事！夺取项王天下的一定是刘邦，我们这些人啊，迟早要被他们俘虏！

剧本点评：

该剧本改编自课文《鸿门宴》，选取宴中部分，戏剧冲突尖锐而激烈，剑拔弩张，刘邦、项羽两大军事集团矛盾逐渐升级，人物性格在故事发展中逐渐凸显。主要人物刘邦、项羽性格差异明显，刘邦机智狡诈、圆滑隐忍，项羽勇猛有余、谋略不足。次要人物也是各有特点，范增果敢刚直，樊哙忠勇善辩，千人千面，个性鲜明。故事情节的完整性比较好，从刘邦赴宴到宴会结束，人物去向、情节发展交代清楚，内容完整。

课本剧2

《鸿门宴》（宴中）

李文浩

时　　间　公元前206年

地　　点　秦朝都城咸阳郊外的鸿门

主要人物　项羽、刘邦、范增、张良、项庄、樊哙、项伯

刘邦及其士兵入场，刘邦抬了抬手，示意士兵留在帐外看守。

刘邦　（弓着身子走到项羽面前，声音低沉）将军，我和您合力攻打秦国，将军在黄河以北作战，而我在黄河以南作战，但是我自己也没有想到，我先入了关中，才能在这里见到将军您啊！

项羽捋着胡子，叹了一口气。

刘邦　（见状又连忙补了一句）若不是有小人从中作祟，使我和将军您有了隔阂，也不会如此！

项羽　（捶了一下桌子，走到刘邦旁边）这得感谢你的左司马曹无伤！不然的话，我怎么会这么生气呢？

项羽　（过了一会儿，摆摆手）也罢！也罢！今日我将设宴邀请你一起饮酒，我们畅饮一番！

刘邦　（转忧为喜）甚好！甚好！不醉不归！

项羽、项伯朝东坐，范增朝南坐，刘邦朝北坐，张良朝西在旁陪侍。

项羽 （拿起酒杯，开心）我先敬你们一杯，今日大家吃好喝好！

范增多次举起玉玦并给项羽使眼色，但项羽保持沉默，没有回应。

范增 （捂着肚子，满脸痛苦）各位，实在不好意思，昨日吃坏肚子了，现在有些不适，我去去就来！（项羽挥了挥手，示意让他去）

范增 （走到帐外，让士兵去叫项庄过来，一直来回走动）唉！

项庄边整理自己的佩剑，边走向范增。

范增 （焦急）大王心不狠，先前交给大王的计划怕是完不成了。接下来交给你一个任务，你进去向刘邦敬酒，敬酒完毕后，你说你想舞剑，趁此机会，杀掉刘邦。此次计划关乎我们的未来，成败在此一举。

项庄 （摩拳擦掌，活动了一下筋骨）妙哉！我一定不负您的期望，将刘邦的首级完整地给您！（两人会意一笑）

范增先入帐，过了一会儿，项庄入帐，项羽给项庄赐座。范增给项庄使了个眼色。

项庄 （起身）今日大王宴请各位贵客，一定要吃好喝好，请！（端起酒杯，一饮而尽）

项庄 今日大家心情尚好，我给大家舞一段剑，助助兴，可否？

项羽 （拍手）甚好！甚好！（抬手示意项庄开始舞剑）

项庄起身，走向中间，拔剑起舞。过了一会儿，项伯似乎看出了端倪，也拔剑起舞，护在刘邦前面，项庄的计谋就此失败！

项羽 （拍手）好！好！好！

项庄回到座位上，项庄和范增都叹了口气，脸色十分难看。

张良 小人出去一下！（急忙走出帐外，寻得樊哙）

张良 （焦急）现在情况很被动，项庄想要刺杀主公！

樊哙 （摩拳擦掌，生气）请让我进去！我要与主公同生共死！

于是樊哙拿着剑和盾冲向营帐，但被门口士兵拦下！

樊哙 （愤怒）让开！（撞倒士兵，冲进营帐）

项羽 （一惊，握着剑，挺直身子）来者何人？

张良 这是沛公的骖乘樊哙！

项羽 好一位猛士！来人！赐座！赐酒！

樊哙 （行礼）谢大王！（站着一饮而尽）

项羽 赐彘肩！

下人抬出彘肩。樊哙于是放下盾，拿剑割肉吃。

项羽 （震惊）好一位猛士！还能喝酒吗？

樊哙 （不屑）我死都不怕，还怕喝酒！大王您今天上多少酒，我就喝多少酒！

下人拿来一桶酒，樊哙抱起酒桶一饮而尽。

樊哙 （站在中央，气势汹汹）怀王与诸将约定，先进入咸阳的人在关中称王！我家主公先入关，非但没有称王，还特意派人去把守函谷关，以防发生变故，就等着大王您到来！如此劳苦功高却未能得到封侯的赏赐，您还听信小人的谗言，想杀有功的人，这只是已亡秦朝的后继者罢了！

范增和项庄满脸气愤。

项羽 （有些尴尬）壮士请坐！

刘邦 （起身如厕）樊哙！

刘邦 （出帐）此地不宜久留，我等速速回营，后面的事情只能交给子房了。

刘邦带领身边侍卫急速归营。

剧本点评：

该剧本以课文《鸿门宴》为依据改编，既忠实于原文，又对文中人物的语言、动作、心理进行了适当的补充，使人物形象更加鲜明，刘邦的能屈能伸、有勇有谋，项羽的刚愎自用、感情用事跃然纸上。情节推进迅速，人物语言简短，唇枪舌剑、刀光剑影，险象环生。丰富的舞台说明是该剧本的一个亮点，既精准传达了作者的意图，也为演员提供了必要的演出指导。

课本剧3

《林黛玉进贾府》

杜紫莹

时　　间　十一月下旬

地　　点　贾府

主要人物　林黛玉、贾母、邢夫人、王夫人、李纨、贾迎春、贾

探春、贾惜春、王熙凤、贾宝玉、众丫鬟

丫鬟 刚才老太太还念呢，可巧就来了。

三四人将林黛玉迎进贾府，另一人回去禀报。

丫鬟 林姑娘到了。

林黛玉被搀扶着走进屋内。

丫鬟 （上前扶着）林姑娘来了。

林黛玉绕过屏风走进来。

屋内众人 看，来了，来了。

两人搀着贾母迎上来。林黛玉刚要行礼，就被贾母一把搂入怀中，她们相拥而泣，其余人皆掩面哭泣。过了一会儿，众人慢慢劝解，贾母、林黛玉方才止住哭泣，林黛玉这才拜见外祖母。

贾母 （指着邢夫人）这是你大舅母。

林黛玉 （行礼）大舅母。

贾母 （指着王夫人）这是你二舅母。

林黛玉 （行礼）二舅母。

贾母 （指着李纨）这是你先珠大哥的媳妇珠大嫂子。

林黛玉 （行礼）大嫂。

贾母被搀扶着回到座位。

贾母 请姑娘们来。今日远客才来，可以不必上学去了。

三个奶嬷嬷，五六个丫鬟，簇拥着三姊妹来了。

三姊妹 （围着林黛玉）你来了，真好，可把你盼来了，我们都盼着你来呢！路上劳累了吧？

王夫人 （上前）来，见见。

王夫人 （拉过贾迎春）这是你迎春姐姐。

林黛玉行礼，贾迎春回礼。

王夫人 （走到贾探春旁边）这是你探春……

林黛玉 舅妈，我属羊。

王夫人 那就是探春妹妹。

林黛玉行礼，贾探春回礼。

王夫人 （走到贾惜春旁边）这是你惜春妹妹。

林黛玉行礼，贾惜春回礼。王夫人拉着林黛玉到贾母身旁坐下，众人归座，丫鬟斟茶。

贾母 （伤感道）我这些儿女，所疼者独有你母，今日一旦先舍我而去，连面也不能一见。今见了你，我怎不伤心！

贾母搂住林黛玉又呜咽起来，众人忙宽慰解释，贾母这才略略止住呜咽。

王夫人 （上前）这孩子，好像有不足之症。常服何药？如何不急为疗治？

林黛玉 我自来是如此，从会吃饮食时便吃药，到今日未断。请了多少名医，修方配药，皆不见效。那一年，我三岁时，听得说来了一个癞头和尚，说要化我去出家，我父母固是不从。他又说："既舍不得她，只怕她的病一生也不能好的了。若要好时，除非从此以后，总不许见哭声；除父母之外，凡有外姓亲友之人，一概不见，方可平安了此一世。"疯疯癫癫，说了这些不经之谈，也没人理他。如今还是吃人参养荣丸。

贾母　正好，我这里正配丸药呢，叫他们多配一料就是了。

王熙凤　我来迟了，不曾迎接远客！

林黛玉　（心想）这些人个个皆敛声屏气，恭肃严整如此，这来者系谁，这样放诞无礼？

一群媳妇、丫鬟围拥着王熙凤从后房门进来，林黛玉起身拜见。

贾母　（笑道）你不认得她。她是我们这里有名的一个泼皮破落户儿，南省俗谓作“辣子”，你只叫她“凤辣子”就是了。

林黛玉低头抿嘴一笑，众人也笑作一团。

众姊妹　（上前）这是琏嫂子。

林黛玉　（行礼）嫂子。

王熙凤　（拉过林黛玉的手，上下打量了一回，送到贾母身边坐下）天下真有这样标致的人物，我今儿才算见了！况且这通身的气派，竟不像老祖宗的外孙女儿，竟是个嫡亲的孙女。怨不得老祖宗天天口头心头，一时不忘。只可怜我这妹妹这样命苦，怎么姑妈偏就去世了！（说着便用手帕拭泪）

贾母　（笑道）我才好了，你倒来招我。你妹妹远路才来，身子又弱，也才劝住了，快再休提前话。

王熙凤　正是呢！我一见了妹妹，一心都在她身上了，又是喜欢，又是伤心，竟忘记了老祖宗。该打，该打！

王熙凤　（拉过林黛玉的手）妹妹几岁了？可也上过学？现吃什么药？在这里不要想家，想要什么吃的、什么玩的，只管告诉我；丫头老婆们不好了，也只管告诉我。

王熙凤 （问婆子们）林姑娘的行李东西可搬进来了？带了几个人来？你们赶早打扫两间下房，让他们去歇歇。

王夫人 月钱放过了不曾？

王熙凤 月钱已放完了。才刚带着人到后楼上找缎子，找了这半日，也并没有见昨日太太说的那样的，想是太太记错了？

王夫人 有没有，什么要紧。该随手拿出两个来，给你这妹妹去裁衣裳的。等晚上想着，叫人再去拿吧，可别忘了。

王熙凤 这倒是我先料着了。知道妹妹不过这两日到的，我已预备下了，等太太回去过了目，好送来。

王夫人笑着点了点头。外面一阵脚步声。

丫鬟 宝玉来了。

贾宝玉进来，林黛玉一见他，便大吃一惊。贾宝玉向贾母请安。

贾母 去见你娘来。

贾宝玉转身离去，过一会儿回来，换了冠带。

贾母 （笑道）外客未见，就脱了衣裳，还不去见你妹妹！

贾宝玉对着林黛玉作揖，林黛玉回礼，二人对视，然后归坐。

贾宝玉 这个妹妹，我曾见过的。

贾母 （笑道）可又是胡说，你又何曾见过她？

贾宝玉 （笑道）虽然未曾见过她，然我看着面善，心里就算是旧相识，今日只作远别重逢，亦未为不可。

贾母 （笑道）更好，更好，若如此，更相和睦了。

贾宝玉走到林黛玉身边坐下，又细细打量了她一番。

贾宝玉　妹妹可曾读书？

林黛玉　不曾读，只上了一年学，些许认得几个字。

贾宝玉　妹妹尊名是哪两个字？

林黛玉　黛玉。

贾宝玉　黛？

林黛玉在手中比画，贾宝玉托起她的手看。

贾宝玉　表字是？

林黛玉　（轻轻摇头）无字。

贾宝玉　我送妹妹一妙字，莫若“颦颦”二字极妙。

贾探春　这出自什么典故？

贾宝玉　《古今人物通考》上说：“西方有石名黛，可代画眉之墨。”况这林妹妹眉尖若蹙，用取这两个字，岂不两妙！

林黛玉扭头一笑。

贾探春　（笑道）只恐又是你的杜撰！

贾宝玉　（笑道）除《四书》外，杜撰的太多，偏只我是杜撰不成？

贾宝玉　（问林黛玉）可也有玉没有？

林黛玉　（思索一下）我没有那个。想来那玉是一件罕物，岂能人人有的。

贾宝玉听后发起痴狂病来，站起身摘下玉，往前走几步后狠狠摔去。

贾宝玉　（骂道）什么罕物，连人之高低不择，还说“通灵”不“通灵”呢！我也不要这劳什子了！

众人一拥去拾玉，贾母急忙搂住贾宝玉。林黛玉被吓了一跳，在众人后面紧张落泪。

贾母 孽障！你生气，要打骂人容易，何苦摔那命根子！

贾宝玉 （满面泪痕哭道）家里姐姐妹妹都没有，单我有，我说没趣；如今来了这么一个神仙似的妹妹也没有，可知这不是个好东西。

贾母 你这妹妹原有这个来的，因你姑妈去世时，舍不得你妹妹，无法处，遂将她的玉带了去了：一则全殉葬之礼，尽你妹妹之孝心；二则你姑妈之灵，亦可权作见了女儿之意。因此她只说没有这个，不便自己夸张之意。你如今怎比得她？还不好生慎重戴上，仔细你娘知道了。

贾母从丫鬟手中接过玉，亲自给贾宝玉戴上。

奶娘 林姑娘的房舍在何处？

贾母 今将宝玉挪出来，同我在套间暖阁儿里，把你林姑娘暂安置碧纱橱里。等过了残冬，春天再与他们收拾房屋，另作一番安置吧。

贾宝玉 好祖宗，我就在碧纱橱外的床上很妥当，何必又出来闹得老祖宗不得安静。

贾母 也罢了。

剧本点评：

该剧本以《红楼梦》中林黛玉进贾府这件事为依据改编，选取的是书中的经典片段，通过林黛玉的耳闻目见，贾母、邢夫人、王夫人、王熙凤、贾迎春、贾探春、贾惜春、贾宝玉等主要人物纷纷出场，先后有序，详略得当，场上人物多而不乱。该剧本忠实于原文，但在原文的基础上对情节做了一些删减，既保留了重要情节，又让故事情节更加紧凑，利于演出。

课本剧4

《烛之武退秦师》

阿依布拉克·买买提苏力

第一场

时　　间　公元前630年

地　　点　郑国宫殿

主要人物　郑伯、佚之狐、烛之武

启　　幕　郑伯在大殿上的案前踱步，两边站着一众大臣，双手作揖抱于腹前，俯首，佝偻着腰，小心翼翼地议论着什么。佚之狐依然恭敬地挺立着，时不时转动眼球，环顾四周，心里好像在盘算着什么。（这时两名侍卫一前一后慌张地跑上殿来）

侍卫甲　禀大王！我军已被晋军逼退到函陵，望大王尽早决断！

侍卫乙　报！秦军逼近氾南！

听到消息的郑伯两眼发愣、面如死灰，双腿无力地坐在椅子上，好一会儿才回过神。

郑伯 如今我国陷入困境，众爱卿有何良策，快快提出。

下面顿时议论纷纷。

郑伯 （指着一个大臣）爱卿有何良策？

大臣甲 （跪倒在地上）臣无能啊！（带着哭腔）

郑伯 （大怒）怎么养了你们这么一群废物！连个法子都想不出来，我要你们何用！

佚之狐 （缓缓走上前）禀大王，依臣看，如今郑国被秦、晋两国联手围攻，打仗肯定打不赢，但我们可以派人去秦国谈判，劝退秦师，只有这样，晋国的军队才会退去。

郑伯 那爱卿觉得何人能担此重任？

佚之狐 烛之武。他自幼饱读诗书，又善辞令，洞察世事，是个人才，可以胜任。

郑伯 （稍作停顿）好！快叫他来见我！

佚之狐向烛之武说明情况后，烛之武来到宫殿，拜见郑伯。

烛之武 老臣年轻时就不如别人，现在已经老了，更加无能为力了。

郑伯 我没能及早重用你，现在情况危急才求你，是我的过错，但是郑国灭亡了，对你也不利啊！

烛之武 行吧，那我就去见见秦伯。

第二场

时　　间　公元前630年

地　　点　秦军军营

主要人物　秦伯、烛之武

烛之武　（恭敬地行礼）秦伯，晋国和秦国围攻郑国，郑国已经知道自己要灭亡了。如果郑国的灭亡对您有好处，我愿意为您效劳。

秦伯　（困惑）你说的是什么意思？

烛之武　您知道，越过别的国家来跟更远的国家打仗是困难的，为什么要灭掉郑国而让秦国的邻国强大呢？如果您能放弃对郑国的进攻，将其作为东方的盟友，那么您的使者往来这里时，我们可以给他们提供缺少的物资，您看怎么样？

秦伯　（略微动摇）那为什么我不把晋国作为我的盟友，而一定要选择郑国做盟友呢？

烛之武　您曾经给予晋侯恩惠，他答应给您焦、瑕两个地方，然而他早晨刚回国，晚上就修筑防御工事。这样的国家又怎么会有满足的时候呢？

秦伯　确实是有过这样的事。

烛之武　晋国强大后，必然会继续扩大疆界，那么除了秦国，还有别的选择吗？削弱秦国对晋国有利，希望您能再考虑一下。

秦伯 （心动）烛之武，你说得很有道理，我同意和郑国结盟。

烛之武回到郑国，郑伯设宴款待了他；秦伯派杞子、逢孙、杨孙守卫郑国后，秦军就撤回了。

第三场

时　　间　公元前630年

地　　点　晋军军营

主要人物　晋侯、子犯

子犯 晋侯，这个时候就是攻打秦军的大好时机，他们背信弃义，微臣请求出兵！

晋侯 （犹豫片刻）不行，没有秦伯的力量就没有我的今天。依靠别人的力量，又反过来损害他，是不仁义的；失掉自己的同盟者，是不明智的；用混乱相攻取代和谐一致，是不合武德的。我们还是回去吧！

子犯 （欲言又止）好吧。

剧本点评：

该剧本改编自课文《烛之武退秦师》，在原文的基础上展开丰富的想象和联想，巧妙增加了郑伯在敌军压境时与群臣的对话。秦伯在军营中与烛之武的对话，更加凸显出烛之武是一位临危受命、智勇双全的爱国义士，也使故事情节更加流畅。第三场尽管短小，却也不可缺少，既交代了烛之武劝说秦伯的结果，又展现了晋侯虽有野心但也明智冷静。编者用现代汉语代替了原来的文言，又保留了一些文言词语，使语言既通俗易懂，又不失意趣。

课本剧 5

《子路、曾皙、冉有、公西华侍坐》

司印清

孔子　（亲切地）虽然我比你们年长一些，但你们想出的主意有时候比我好，你们平常总是爱说没有人了解你们，所以这次你们自由发言，让我了解一下你们。你们的人生理想是什么？

子路　（不假思索地）一个拥有一千辆兵车的中等国家，夹在几个大国之间，经常受到战争的侵扰，加上国内又闹饥荒，就让我去治理这样的国家。三年后，我会让这个国家变得国富兵强，百姓知礼通情，这样便可使这个国家立于不败之地。

孔子微笑，其他人交头接耳。

孔子　求，你的想法呢？

冉有　一个方圆六七十里，（看了一眼孔子，立即改口）或五六十里的地方，如果让我去治理，三年之后，定能使人民富足。（语速变慢，心虚地）至于礼乐教化这种至圣之事，就只能等那些君子来推行了，弟子觉得，自己的能力尚不足矣。

冉有怯怯地望着孔子。曾皙毫无所动，继续弹瑟。

孔子 （略显失望）赤，那换作是你呢？

公西华 （谦恭地）对于宗庙祭祀、诸侯会盟和朝见天子的事情，我愿意（整理衣帽）去做一名小小的司仪官，主持仪式。我虽不敢说可以胜任，但我会努力去学习的。

孔子依然不表态，微微叹了口气。

孔子 （望向弹瑟的曾皙）点啊，你呢？

听到老师的问话，曾皙弹瑟的速度变慢，声音变小，逐渐停住，随后将瑟放下，不慌不忙地站起来。

曾皙 （不急不躁地）我和他们三人所说所想并不一样。

孔子 （微微一笑）没什么关系的，不过是各自谈谈自己的志向罢了。

曾皙 （一边说一边向前走，望着虚空）暮春时节，我们都穿上了春季的衣服，（一边说一边向右侧走，仍目视远方）我和朋友们到沂水中嬉水沐浴。（镜头给到冠者）

冠者甲 （欣喜地说）大家家里的田地都耕完了吗？我们家耕完地花了好大的力气呢！

冠者乙 （期待着说）我们家的田地也是前些天才耕完，希望今年还能有个好收成。

冠者丙 不用担心，这些年我们国家没有战乱，只要没有天灾，我们的庄稼一定会有好的收成的。（周围几个冠者、童子附和着）走，我们去舞雩台上凉快凉快。天气渐晚，我们一行人一路唱着歌走回家。

曾皙望着远方，沉浸在想象的画面中。其余人也沉浸在画面中。

曾皙 这就是我所希望的。

孔子 （长叹一声）我赞同曾皙的想法呀！（转换语气）今天我们就讨论到这里，大家回去吧。

四名弟子起身作揖，子路、冉有、公西华离开，曾皙留下。

曾皙 老师，您认为他们三人的话怎么样？

孔子 也不过是各自谈谈自己的志向罢了！

曾皙 那您为什么笑仲由呢？

孔子 我们儒家讲究以礼治国，可是他的话却毫不谦让，这样怎能治理好国家呢？

曾皙 （不解地）老师，难道冉有说的不是国家的事吗？

孔子 怎么见得方圆六七十里或五六十里的地方就不是国家呢？他这种不自信的心态是万万不可的。冉有是一个有抱负的人，他说的他能办到，那还真的是治理小国的方法。智者修能，仁者修心，曾皙啊，你说说他的德体现在什么地方？

曾皙 （略加思索）或许……他谦虚地说话已经体现了德吧！老师，那公西华说的教化就不能治国吗？

孔子 （严肃地）教化已经是最重大、最困难的工作了，看起来简单，但要做好则是无比艰难的。如果公西华做的是小事，哪还有什么大事呢？

曾皙 老师，难道公西华讲的是国家大事吗？

孔子 （感叹地）宗庙祭祀、诸侯会盟和朝见天子，不是诸侯国的大事又是什么呢？如果公西华只能给诸侯做一个小相，那么谁能做大相呢？他呀，太过于谦虚了。

曾皙 （恍然大悟）老师，我懂了，也就是说治国理政要行礼乐，施仁政，这样才能大同，人民才能安定。

孔子 不错，不错！正是如此。（赞许地点头）

曾皙 （点了点头）夫子说的是啊！（曾皙拱手下）

孔子 （望着渐下的夕阳忧叹道）这世道啊！

画外音：历史向前发展。他们不会知道，他们的这次谈话会出现在高中语文课本上，会激励我们一代又一代青年积极入世，为人民幸福生活而奋力拼搏，为国家繁荣发展而砥砺前行，为人类文明而弦歌不辍。

剧本点评：

《子路、曾皙、冉有、公西华侍坐》是高中语文经典篇目，表面上看是孔子评志，实则揭示了儒家的思想。这个剧本通过改编孔子与其弟子的对话，将学生对儒家思想的认识自然呈现出来。不能不提的一点是，这个剧本巧妙地将古今串联起来，结尾的画外音点明主旨：孔子的思想跨越千年，激励着一代又一代青年继承先贤遗志，为国为民砥砺前行。这正是我们学习此篇的意义所在，编者通过画外音的设计，将这一深刻的内涵自然而然地传递给观众。

第二节　学生问题剧本评析

课本剧 6

《烛之武退秦师》

时间　春秋时代　僖公三十年

地点　郑国、秦营、晋营

人物　郑国　郑文公、烛之武、郑大臣叔詹

　　　晋国　晋文公，晋大臣狐偃、先轸，晋文公夫人文嬴

　　　秦国　秦穆公，秦大臣百里奚，大将百里视，大夫杞子、逢孙，大内密探 008，谋臣、宫娥、兵士若干

第一场　晋　营

晋文公　（恭敬）秦伯先请。

晋文公　（恭敬）秦伯先请。

秦穆公　（谦让）晋侯先请。

晋文公 秦伯请。

秦穆公 晋侯请。

晋文公 秦伯再请。

秦穆公 晋侯再请。

晋文公 秦伯再再再请……（两人拉拉扯扯至舞台中央）

大臣们 （齐声高呼）结盟！结盟！

秦穆公 我秦公嬴任好。

晋文公 我晋公姬重耳。

秦穆公、晋文公 勠力伐郑，绝无二心！灭郑之后，平分其土！

晋文公 我若背盟，就，就，就……（转向后问狐偃，低声）你说，就怎么样？

狐　偃 就让天上掉下一块月饼砸死我！

秦穆公 我若背盟，就那个，那个……（扯住百里视）小孟，你说呢？

百里视 就让风刮来一只烤鸡撞死我！

狐偃、百里视 杀白马，饮血！

其余人下场，文嬴夫人从侧面上。

文嬴夫人 （皱眉）这都是什么乱七八糟的！（沉吟，苦恼）一头是老爸，一头是老公，到时候出了什么问题，我该站在哪一边呢？（在长吁短叹中下场）

第二场　郑　宫

郑文公 （背手踱步）这可如何是好？这可如何是好？

众谋臣　（颤抖）大王，您都踱步三天了，小心您那骨折的腿啊！大王……（凄厉地）

郑文公　（摇摇头，继续踱步）……

探子甲　（飞奔而至）报告大王，秦伯率主将百里视，副将杞子、逢孙，已与晋军会师！

话音未落……

探子乙　（连滚带爬）大——大王，围兵已到函陵、氾南。

郑文公　（脸色煞白，腿一软）完啦！！

众谋臣急忙上前搀扶。

郑文公　（唱）（调按《归去来》）这次是我真的完蛋了吗？断送这些先王留下的期待……

群臣大哭。

叔　詹　大王莫急，上天有好生之德也。昨夜我仰观星斗，发现我们王气未竭！不可因敌军压境慌了手脚，须讨一个退兵良策才是。

郑文公　说得容易，计从何来？（抹一把鼻涕）

叔　詹　大王，您听我说。秦、晋围郑，只因我们无礼于晋国，并不曾得罪秦国；如今只要退去秦国，围便解矣。

郑文公　（半绝望地）如何退呢，爱卿？

叔　詹　找一个能说的，会道的，能吹的，会侃的……

郑文公　（唱）（调按《单身情歌》）郑国的人那么多，能吹的没有几个。

叔　詹　老臣倒知一人……

郑文公　（惊喜交集）Who？

叔　詹　此人便是烛之武。说时石汉皆开眼，道破泥人也点头。红日朝升能夜出，黄河东逝可西流。

郑文公　（大喜）快宣，快宣！

群臣大喜。

烛之武　（须发皆白，拄登山拐棍上）老汉今年七十三，又愁吃来又愁穿。空有一身好本领，就没混上半个官。如今郑王把我宣，肯定有事找我办。若是此事办成了，我是——嘿嘿，不愁吃来不愁穿！（咳嗽着蹒跚而上）参见大王。

郑文公　（忙搀起）您就是烛老先生？

烛之武　（深揖）正是老朽。

郑文公　如今秦、晋围郑，郑国危在旦夕。寡人想让先生您往秦营跑一趟，您知道秦国……

烛之武　老朽都知道，不过，容我考虑考虑。（做罗丹雕塑《思想者》状）

烛之武　（面向观众沉痛地摇头）我年轻时他不用我，如今老了才找我……唉，也罢！我也是郑国的优秀子民啊！（走回郑王身边）

郑文公　（急切地搓手）……

烛之武　好吧，老朽就走一趟！

群臣欢呼！“珍重”声四起。

郑文公　（拉着烛之武的手，深情地）风萧萧兮易水寒，壮士一去兮不复还。老烛，保重啊！

烛之武下，复又上。

烛之武　（向郑文公耳语）给我买份儿保险。（下）

第三场　秦　营

秦营，觥筹交错，君臣欢饮。

秦穆公　（酒从须上流下，一甩，大笑）哈哈哈……不出三日，攻下郑国城池，我要地有地，要财有财，要美女有美女——呶？

群臣齐声附和，欢歌笑语。忽有哭声。

烛之武　（边哭边唱）（调按《任逍遥》）让我哭也好，让我笑也好，郑国已经快完了；让我醉也好，让我醒也好，秦国也要完蛋了……

秦穆公　咦？何人在哭？大内密探008——把哭歌之人押进来！

烛之武踉踉跄跄地被大内密探008押了进来。

秦穆公　哭歌之人是你？

烛之武　正是老朽。

秦穆公　老头儿？起来吧。你到两军阵前来溜达什么，还唱那么丧气的歌？惹得本王不高兴，可是要杀头的！

烛之武　老朽当然知道。

秦穆公　知道还唱？

烛之武　唉，郑国危在旦夕，我伤心啊！

秦穆公回头向群臣一笑。

烛之武 哈哈哈！不过……

秦穆公 不过什么？

烛之武 您助晋灭郑，也难逃亡国之命啊！

秦穆公 你说什么？寡人看你是个老头子，刚才不与你计较，你竟越发放肆！

百里奚 大王，且听他讲下去。

烛之武 大王，老朽并非胡言乱语。哎，螳螂捕蝉，黄雀在后啊！

秦穆公 谁是黄雀？

烛之武 晋国是也！

秦穆公 （仰天大笑）哈哈哈……老头子，你吃错药了吧？我助晋灭郑，明日郑都一破，我们要土地有土地，要财宝有财宝，要美女有美女，（环顾左右）晋国谢我还来不及呢，怎会有黄雀所为？

烛之武 （摇头）素闻秦穆公乃一代明君，没想到今日一见——唉，见面不如闻名！

秦穆公 （甩袖）那又是何意？

烛之武 为了秦国的发展前途，为了我们的共同利益，大王——我是来请您退兵的。（从旅行包里拿出地球仪、快板）您来听，我来讲——

郑国深居晋东方，秦国又居晋西方，东西相距数千里，遥遥相望不可及。秦国助晋来灭郑，两国至，郑既亡，晋侯岂肯分郑疆？郑国归入晋国地，他们势力会更强。到那时，你秦王，势不及他必遭殃。（拉住秦王的手，深情地）轻者说，你竹篮打水一场空；重者说，你

会由此把国亡!!（群臣窃窃私语）

秦穆公　说得好，说得妙，再来一段我还要，要是下面没了词儿，你的人头我也要!

烛之武　（走近一步）若老朽没记错的话，晋文公当年逃亡之时，您曾有恩于他，可如今他羽翼丰满，却闭口不提本来许给您的焦、瑕两座城池，并且大造防御工事。这种背信弃义、出尔反尔之人，您能信他？

百里奚　大王，休听他胡言乱语！（大怒，跨出一步）老匹夫，今天不教训你，你是不知道花儿为何这样红？（拔剑）

秦穆公　且慢，退下。老先生所言倒有几分道理。不过，我若撤兵，土地——没了；财宝——没了；美女——（群臣齐呼）没了!!（耸肩，摊手）我损失惨重啊!

烛之武　大王，您别急啊！（胸有成竹地）如今呐，郑国可是比秦国发达。您若放过郑国，哪天到郑国旅游，我们作为东道主，实行食、宿、导游三包；您若放过郑国，哪天出兵经过郑国，我们为您提供粮草……大王啊，我们就是您的仆人啊！大王啊，我们还不要薪水啊！大王——

秦穆公　（踱步）让我考虑考虑……

百里奚　（沉痛地）大王，莫听他胡言乱语!

其他谋臣悄悄道："我看——值!"

秦穆公　（陷入沉思）……

烛之武　（在营门外大喊）大王，你们已饱受征战之苦，回去休息休息吧！大王，为您的子民想想吧，他们妻离子散，好可怜……

秦穆公 （果断地）杞子、逢孙听令！

杞子、逢孙 末将在！

秦穆公 你二人率一师、二师去保护郑国，其他人跟我撤。

杞子、逢孙 （异口同声唱）（调按《不能没有你》）不能退兵啊——是我唯一的语言！

烛之武 百里先生……（掏出金砖若干）

百里奚 （大怒）你把我百里奚当成什么人了？

百里奚 （劈手夺过金砖，对烛之武说）好说，好说。

百里奚 大王，经过我们认真、详细、周密、妥善……

秦穆公 （不耐烦地）干脆点！

百里奚 （操山东方言）咱回家吧！

秦穆公 （大喜）好！！

烛之武 （一揖到地）大王英明，大王功德无量啊！

秦军解围而去。歌声响起："只要人人都献出一点爱，世界将变成美好的人间……"

第四场 晋 营

晋文公 （来回踱步，转圈）狐偃！狐偃！狐偃！（扯着嗓子）老狐狸，你死哪儿去了？！

狐 偃 （几步抢上）臣在五谷轮回之所。

晋文公 牛！那先轸又到哪儿去了？

先 轸 （冲到晋文公身边）老大找我？

晋文公　探马来报，嬴任好那厮突然变卦了，不仅撤了围，还急急忙忙跑回秦国去了。

先　轸　啊呸！该死！砍！杀！

狐　偃　打，打，打！我们要以迅雷不及掩耳之势扁死他！

晋文公　（拂袖，转身，意味深长地）哼……

文嬴夫人从侧面上，站在一边，警觉地听着。

狐　偃　（战战兢兢，如临深渊，如履薄冰）臣刚才在茅厕中，想起从前掉进茅厕被淹死的景公他老人家，深刻认同了这一番道理。这为人君嘛，就得心狠手辣。他们跑了，咱们追上去，打他一个措手不及！

文嬴夫人　（恼怒地）哼……

晋文公　（往文嬴夫人站立处看去，有点不安）老先，你说！

先　轸　老大，齐国的姜小白死了以后，争霸天下的，就是您和那嬴任好了。我这九年来一直监视着嬴任好，细作回报说，姓嬴的请了西域胡人训练敢死队，还拉来了波斯人制造大规模杀伤性武器。现在姓嬴的背叛盟约，正是天赐良机，咱们来个黄雀在后，一举铲除了姓嬴的，天下还有谁敢和老大您 PK 呢！

狐　偃　（鼓掌）现在秦军远离本土，没有粮草，穷得连衣服都没有了。听听他们将士唱什么：“岂曰无衣？与子同袍。”穷得一件衣服都得两个人合着穿，不打他们打谁呢？

文嬴夫人　（大怒，冲上）你们这群忘恩负义的坏东西!!!

狐偃、先轸 （吓得蒙住脑袋）

文嬴夫人拖着晋文公下。

晋文公 （上，怏怏的）全军后撤。

狐偃、先轸 老大，您精神分裂了吗？

晋文公 （哭腔）人言可畏，老婆之言，尤可畏也。我怕她，你们就不怕？

尾声

烛之武 （背着旅行包，唱）走四方，路迢迢水长长，迷迷茫茫一村又一庄……

忽然停住，掏出一红色本本，自我欣赏，作陶醉状。

旁白 事后，烛之武被评为“郑国十大杰出老年人”。

剧本点评：

课本剧的主要目的是服务于教育教学，帮助学生更好地理解和掌握课文内容，编者可以对原文进行适当的改编和创作，但应力求呈现原文的主题与主要内容。这个剧本虽未改变主要情节，但在主题、内容上存在诸多问题。

第一，违背史实。向郑文公推荐烛之武的人由佚之狐改为叔詹，此其一；百里奚因收受烛之武的贿赂而在秦穆公面前帮烛之武斡旋，此其二。这两点都违背史实，会引导学生错误地理解人物，歪曲历史。

第二，称呼不当。例如，晋文公对狐偃直呼其名，有时还戏称其为“老狐狸”，狐偃不仅是晋文公的舅舅，而且是晋国重要的谋士和重臣，晋文公在位时间虽不长，但功绩显赫，凭借卓越的治国才能，开创晋国百年霸业，以晋文公与狐偃的地位和关系，又怎会在称呼上如此儿戏？像这样不严谨的称呼还有多处，如狐偃、先轸称一国之君——晋文公为“老大”，秦穆公称百里视为“小孟”，这一类称呼是有违古时君臣之礼的。

第三，不恰当地融入现代元素。例如，编者增加了一个情节，秦穆公和晋文公盟誓，二人不知该发下怎样的毒誓，晋文公转头问狐偃，狐偃的回答是“就让天上掉下一块月饼砸死我”，秦穆公问百里视，百里视的回答是“就让风刮来一只烤鸡撞死我”。这样随便的语言颇有现在的无厘头风格，但显然与春秋这个历史时期是不相称的。又如，编者有意识地加入了一些现代歌曲，如烛之武劝谏秦穆公成功，晋文公最终决定全军撤退后，编者有意加了一个细节，烛之武背着旅行包，高唱“走四方，路迢迢水长长，迷迷茫茫一村又一庄……”。试想，一名身着古装的演员，背着旅行包，该是怎样的不伦不类！而歌词“走四方，路迢迢水长长，迷迷茫茫一村又一庄……”与烛之武此时终于解救国家危难的心情相符吗？再如，尾声的旁白“事后，烛之武被评为‘郑国十大杰出老年人’”，这样的旁白很容易让读者想起“十大杰出青年”，但把“青年”一词换成“老年人”后，不知是褒是贬？而且还特意加入了一段对烛之武动作、神态的描写：“忽然停住，掏出一红色本本，自我欣赏，作陶醉状。”这样的描写会让读者认为烛之武是一个耽于名利的人，与《左传》中塑造的不顾个人安危，凭借大智大勇解救国家于危难之际的形象大相径庭。更不要提郑文公说出“Who”，实在匪夷所思。

第四，曲解文化经典。剧本中引用了《诗经》中的名篇《无衣》：

“岂曰无衣？与子同袍。”却是如此解读的：“穷得一件衣服都得两个人合着穿，不打他们打谁呢？”“岂曰无衣？与子同袍”的意思是“谁说没有衣服穿？我愿和你同披一件战袍”，它象征的是战士们深厚的友谊和共同战斗的决心。《无衣》是一首慷慨激昂的战歌，编者随意曲解，以如此不严肃的态度对待文化经典，课本剧的教育意义何在？

此外，该剧本中还存在其他台词问题，此处不一一详述。

课本剧鼓励创新，也要有基本遵循，应力求呈现原文的主题与主要内容，服务于教育教学，帮助学生更好地理解和掌握课文内容。

参考文献

[1] 肖俏. 编排课本剧：探究语文趣味学习新途径 [J]. 中国科教创新导刊，2007（15）：23.

[2] 宋华明. “项目学习”在初中数学教学中的实施与探索 [J]. 教育理论与实践，2015，35（20）：51-52.

[3] 李志河，张丽梅. 近十年我国项目式学习研究综述 [J]. 中国教育信息化，2017（16）：52-55.

[4] 陈颖，王磊，徐敏，等. 高中化学项目教学案例：探秘神奇的医用胶 [J]. 化学教育（中英文），2018，39（19）：8-14.

[5] 谢婷婷. 初中英语项目式学习的设计与应用 [J]. 中小学外语教学（中学篇），2019，42（8）：31-36.

[6] 杨志宏. 高中语文实施项目学习的价值及教学设计：以《雷雨》项目化学习为例 [J]. 中学语文，2019（16）：50-53.

[7] 杨志宏. 信息化环境下高中语文项目学习的实践探索 [J]. 语文教学与研究，2019（19）：62-64.

[8] 倪江. 高中戏剧教学中的项目化学习 [J]. 教育研究与评论（中学教育教学），2020（1）：10-14.

[9] 任海林. 运用项目化学习，实施统编高中语文教材：以统编

教材必修上册为例［J］. 语文教学通讯，2021（10）：11-14.

［10］晏丽萍. 粉墨登场乐一回：戏剧单元项目式学习案例［J］. 中学语文教学参考，2021（13）：77-79.

［11］李军. 单元项目化学习的三驾马车：核心概念、驱动问题、项目成果：以必修（下册）戏剧单元为例［J］. 语文教学与研究，2022（7）：105-108.

［12］高海华. 课本剧表演：戏剧教学的一种呈现［J］. 教育研究与评论，2023（4）：29-32.

［13］张辉. 课本剧在高中语文教学中运用的研究［J］. 语文世界（教师之窗），2023（2）：51-52.

［14］杨利. 中学语文课本剧教学研究［D］. 苏州：苏州大学，2008.

［15］尹雪娇. 高中语文课本剧教学及实践策略研究［D］. 兰州：西北师范大学，2013.

［16］刘思洋. 课本剧在高中语文教学中的运用研究［D］. 厦门：集美大学，2022.

［17］叶楠. 高中语文课本剧教学实践研究［D］. 沈阳：沈阳师范大学，2022.

［18］靳海璐. 统编本高中语文教材戏剧选篇项目式学习策略研究［D］. 石家庄：河北师范大学，2023.

［19］孙安舣. 项目化学习在高中语文戏剧教学中的应用研究［D］. 上海：上海师范大学，2023.

［20］中华人民共和国教育部. 普通高中语文课程标准：2017 年版 2020 年修订［M］. 2 版. 北京：人民教育出版社，2020.